PSEUDO - HYGIN

DES FORTIFICATIONS DU CAMP

COLLECTION DES UNIVERSITÉS DE FRANCE
publiée sous le patronage de l'ASSOCIATION GUILLAUME BUDÉ

PSEUDO-HYGIN

DES FORTIFICATIONS DU CAMP

TEXTE ÉTABLI ET TRADUIT
PAR
MAURICE LENOIR
Agrégé de l'Université

Deuxième tirage

PARIS
LES BELLES LETTRES
2002

Conformément aux statuts de l'Association Guillaume Budé, ce volume a été soumis à l'approbation de la commission technique, qui a chargé M. Michel Rambaud d'en faire la révision et d'en surveiller la correction en collaboration avec M. Maurice Lenoir.

95 boulevard Raspail, 75006 Paris
www.lesbelleslettres.com

Première édition 1979

ISBN : 2-251-01101-3
ISSN : 0184-7155

INTRODUCTION

I. — Auteur et titre

L'auteur. De l'auteur du texte qui nous est parvenu sous le titre *De munitionibus castrorum*, nous ne connaissons en fait rien. Son nom même nous échappe. Lange, dans son édition, remarquait déjà que dans l'*Arcerianus*, manuscrit le plus ancien que nous possédions portant notre texte, l'incipit du livre, *incipit liber hygini gromatici*, était écrit, au sommet de la feuille 125 R, sur deux colonnes et dans la marge supérieure, alors que d'ordinaire les titres figurent à l'intérieur d'une colonne du texte[1]. De plus, cet incipit précède des fragments de géométrie, auxquels le *De munitionibus* succède sans interruption mais avec lesquels il n'a aucun rapport. L'incipit ne provient donc certainement pas du copiste de l'*Arcerianus*, mais d'une tentative postérieure pour attribuer ces fragments à un auteur connu. De même, le texte se termine d'une façon si abrupte qu'on a pu, à juste titre, considérer que toute la conclusion de l'ouvrage et l'explicit qui s'y rapportait ont été perdus[2].

Le nom même d'Hygin est donc sujet à caution. Trois arpenteurs sont du reste connus sous ce même nom ; l'un vivait à l'époque de Trajan et est l'auteur du *De limitibus* et du *De condicionibus agrorum*, le second, qui a écrit le *De limitibus constituendis*, semble être postérieur au premier. Les trois auteurs ont été quelquefois confondus ; mais, par une étude compa-

1. Lange, éd., p. 33-34.

2. A. Gemoll, *Über das Fragment De munitionibus castrorum*, in *Hermes* 11, 1877, p. 164-178 (p. 168).

rative des textes cités ci-dessus, du *De munitionibus* et de fragments de Frontin, Siculus Flaccus et M. Iunius Nipsus, A. Gemoll a démontré que le *De limitibus* et le *De limitibus constituendis* n'étaient certainement pas du même auteur et que le *De munitionibus* présente des particularités de langue et de style qui l'éloignent de tous les écrits gromatiques : il provient évidemment d'un troisième homme[1].

Quant au substantif *gromaticus* que nous accolons à ce nom d'emprunt, notre auteur est peut-être celui qui, de tous les écrivains ainsi surnommés, a le plus de droit à cette épithète : c'est, en effet, dans son ouvrage (§ 12) que se trouve le seul emploi comme substantif de ce mot, très rare dans les textes anciens même sous la forme d'adjectif.

Le titre. Le titre de l'ouvrage est, lui aussi, inconnu. L'*Arcerianus* porte en explicit la mention *liber Gromaticus Hygyni de diuisionib. agrorū explicit*, qui ne correspond manifestement pas du tout au contenu de ce qui précède. Nous devons le titre *De munitionibus castrorum* — lui aussi en grande partie inadéquat puisqu'il ne rend compte que de la fin du texte, soit à peine un quart — au copiste du manuscrit V[2] qui a travaillé entre 1504 et 1544.

Ce sont cependant le nom et le titre que la tradition a imposés, et que nous avons donc conservés.

II. — Caractères généraux

A. — Genèse de l'ouvrage.

Même si nous ne possédons aucun élément sûr concernant le titre du traité et le nom de celui qui l'a rédigé,

1. A. Gemoll, *op. cit.*, p. 167-174.
2. Vat. lat. 3132. Cf. C. Thulin, *Humanistische Handschriften des Corpus Agrimensorum romanorum*, in *Rheinisches Museum* 66, 1911, p. 417-451 (p. 419-423).

le *De munitionibus castrorum* n'est pas un ouvrage parfaitement anonyme. L'auteur ne craint pas d'employer assez fréquemment la première personne, au pluriel comme au singulier ; ces apparitions viennent rythmer l'exposé pour en marquer nettement les articulations — ainsi § 14 *nunc praetenturae rationem exponam* ; § 16 *nunc, ut suo referam loco, ad alam miliariam* ; § 42 *nunc retenturae diximus partis dimidiae numerum* — articulations qui sont parfois indiquées par des formules moins personnelles : § 17 : *quantum autem ad retenturam pertinet.* Même si l'on ne peut pas oublier la lourdeur de ces tournures, elles n'en dénotent pas moins un certain souci de variété dans l'expression. Mais surtout, Hygin donne, dans les paragraphes 45 à 48, qui forment pour nous la véritable conclusion de l'ouvrage, même si celui-ci, dans son état actuel, se termine au § 58, de précieux renseignements sur son entreprise et sur lui-même.

Sources. Ces quelques lignes montrent tout d'abord que l'ouvrage est un travail de compilation ; Hygin rappelle ainsi qu'il a « suivi brièvement tous les bons auteurs en la matière » (§ 45) et s'il ne traite pas plus longuement de la fortification du camp, c'est que ce point a déjà été traité par de « nombreux auteurs » (§ 48). On ne saurait dire plus clairement qu'une partie au moins de l'ouvrage ne fait que rassembler les résultats de travaux antérieurs. Malheureusement, Hygin ne nomme pas ses sources. Certaines indications, en particulier des étymologies, comme celle de *quaestorium* au § 18, font penser au camp décrit par Polybe au livre 6 des *Histoires*, mais on ne peut affirmer qu'il s'agisse d'un emprunt direct. Au § 17, Hygin dit de la voie de 40 pieds de large qui sépare les côtés du prétoire de la rétenture qu' « on la nomme également quintane à cause des troupes », *causa copiarum* : il ne faut pas voir là comme le veut A. Oxé une tentative d'étymologie de *quintana* à partir de la présence de cinq légions dans le camp[1], mais le souvenir de Polybe 6, 30, 5-6 : « en installant ainsi les quartiers des légions, on ménage entre la cinquième et la sixième turme et entre le cinquième et le sixième manipule, un espace libre large de cinquante pieds, ce qui fait une nouvelle voie courant parallèlement à celle qui existe devant les tentes des tribuns et coupant à la verticale et en leur milieu les rues transversales. On l'appelle la voie quintane (ἡ πέμπτη ὁδός) parce qu'elle longe les tentes des unités dont le numéro d'ordre est cinq » (Trad. D. Roussel). Le caractère laconique de l'explication d'Hygin, qui va à l'encontre de ses habitudes en la matière, est, croyons-nous, la preuve d'un emprunt, soit directement à Polybe, soit à une tradition difficile à reconnaître. Il est possible que ces sources soient, du reste, plus simplement, des « manuels de castramétation » diffusés dans l'armée romaine à l'usage des arpenteurs militaires ou de ceux qui en faisaient fonction.

Originalité. Mais, en même temps, le traité est une œuvre originale, exposant une méthode nouvelle ; l'auteur insiste sur cette originalité, qui réside surtout dans les préparatifs à l'établissement du camp : « les instructions à suivre lorsque l'on commence toute mesure, aucun auteur ne les a, à ce jour, indiquées par écrit » (§ 45) ; il insiste également sur la nouveauté de sa méthode : « j'ai recherché et élaboré une méthode de mesure », « je serai le premier à avoir proposé... cette nouvelle façon de mesurer » (§ 47). Cette méthode s'oppose à la méthode habituelle, *cottidiana metatio*. Cette insistance, particulièrement frappante au § 47, ne va pas du reste sans une certaine naïveté dans l'or-

1. A. Oxé, *Zu Hygins Lagerbeschreibung*, in *Saalburg Jahrbuch* 9, 1939 (Festschrift für H. Jacobi), p. 65-72 (p. 66). Hygin dit du reste : *cum maior exercitus est, hoc est quinque legiones et supra* : il n'envisage donc pas spécifiquement un camp de cinq légions.

gueil, ou dans la satisfaction vis-à-vis de soi-même, comme on voudra : « j'ai élaboré (ma méthode) avec toute l'application possible », *intento ingenio.*

B. — L'œuvre d'un technicien?

Enfin, et même si nous devons tenir compte de la part de fausse modestie inhérente à tout auteur, le *De munitionibus castrorum* est l'œuvre d'un homme qui se dit lui-même « novice », *tiro* (*pro tirocinio meo*, § 45). A. Oxé considère qu'il s'agit d'un novice dans l'arpentage militaire, Domaszewski, d'un novice dans l'art d'écrire[1]. Résoudre cette question serait important pour déterminer le crédit que l'on doit accorder à l'ouvrage, en particulier pour la comparaison que l'on peut faire entre ses données et les données archéologiques. Nous avons déjà parlé de la lourdeur de certaines tournures ; on peut aussi mentionner l'allure assez souvent chaotique de la phrase, quelquefois dépourvue de verbe, la fréquence d'adverbes comme *nunc* ou *item* : voilà qui pourrait faire penser à un véritable technicien, peu versé dans la composition littéraire et l'art d'écrire, en général. Cependant, Hygin semble bien se distinguer des arpenteurs militaires, puisqu'il affirme que sa méthode « créera des difficultés même à des experts dans l'organisation des camps » (§ 47) (mais peut-être ne faut-il voir là que l'expression de l'orgueil de l'inventeur qui se sent supérieur à ses collègues?) ; de même, l'orientation de son travail est essentiellement logique, mathématique : « tout ce qu'ils ont établi touchant à l'organisation d'un camp d'été... (je l'ai fait) rentrer dans un système logique » (§ 45). Une étude rapide de l'ouvrage peut néanmoins permettre d'éclairer ce problème.

1. A. Oxé, *op. cit.*, p. 66 : « er bezeichnet sich selbst in Kapitel 45 als ein Anfänger und Rekruten in der Lagervermessung ». — Domaszewski, éd., p. 40 : « ein Neuling in der Kunst des Schreibens ».

Plan. Bien que, manifestement, le début du traité manque, puisque la première phrase (qui, comme bien d'autres phrases d'introduction à un nouveau point, commence par l'adverbe *nunc*) fait allusion à des « cohortes décrites plus haut », le plan général de l'ouvrage que nous possédons rend assez bien compte de la démarche de l'auteur. On peut distinguer trois parties, séparées nettement par deux passages (§ 22 ; §§ 45-48) de conclusion et de transition.

Dans les §§ 1 à 21, Hygin expose les principes généraux qui président à l'établissement d'un camp quel qu'il soit ; il envisage donc séparément chacune des unités existant dans l'armée romaine et indique pour chacune d'elles dans quelle partie du camp elle dresse ses tentes et selon quel schéma de base, suivant son effectif ou les tentes qu'elle emploie. Le § 22 forme la conclusion de cette première partie et annonce la troisième, avant que l'auteur ne passe à ce qu'il considère comme la partie la plus originale de son ouvrage.

La deuxième partie (§§ 23-44) constitue proprement, en effet, l'*inceptatio metationis* dont parle Hygin. Pour cela, il reprend sous une forme plus ramassée les indications de la première partie, en exposant plus en détail certains procédés de calcul, puis il envisage un corps d'armée donné (§ 30), à propos duquel il montre la marche à suivre pour établir le camp contenant ces unités précises.

La dernière partie (§§ 48-58) concerne plus spécifiquement la fortification du camp en général ; c'est elle que le copiste de *V* a considérée pour donner un titre à l'ouvrage.

Méthode de composition. Malgré la simplicité de ce plan — principes généraux, exemple précis, annexe au sujet — le *De munitionibus* peut paraître confus dans le détail. Pourquoi, par exemple, traiter de l'organisation de l'aile milliaire dans la première partie (§ 16) et de celle de la cohorte montée milliaire dans la seconde partie (§ 27)? Cette apparente confusion s'explique si l'on tient compte et des troupes qui composent l'armée qu'Hygin a en vue et de l'ordonnance générale du camp. L'armée que décrit Hygin est, en effet, composée de trois corps de troupes principaux : les troupes légionnaires, c'est-à-dire les légions proprement dites et les vexillaires ; les troupes d'élite : garde prétorienne et cavaliers d'élite ; les auxiliaires : ailes, cohortes montées ou à pied, peuplades (*nationes*). Ces corps de troupes reçoivent des emplacements différents dans le camp, mais les troupes légionnaires s'opposent aux deux autres corps, qu'Hygin appelle les *supplementa*, « troupes de renfort »[1] : en effet, les légions campent le long du rempart et entourent ces troupes de renfort qui campent, elles, à « l'intérieur de ce mur humain » (§ 2).

De plus, le camp de cette armée comporte trois parties distinctes, ordonnées selon une certaine hiérarchie : la première est la plus importante, car c'est là que se trouve le quartier général, *praetorium*, et elle n'est donc nommée que par référence à celui-ci : « côtés du prétoire » ; la seconde se nomme prétenture, *praetentura*, la troisième rétenture, *retentura* ; elles sont situées respectivement en avant et en arrière des côtés du prétoire, comme l'indiquent les deux préfixes accolés au verbe *tendere* dans la composition de leurs noms.

Or Hygin, dans les différentes parties de son traité, suit toujours cet ordre hiérarchique des parties du camp : il examine d'abord les côtés du prétoire (§§ 6-13 ; 23 ; 32-33), puis la prétenture (§§ 14-16 ; 24 ; 34-38), puis la rétenture (§§ 17-19 ; 25-28 ; 40-43) ; les légions sont toujours traitées à part, soit en premier lieu (§§ 1-2), soit en tout dernier (§ 44), puisqu'elles ne font pas partie de l'intérieur du camp.

1. Nous traduisons le terme par « troupes de renfort », puisque les *supplementa* ne comprennent pas seulement les auxiliaires. Cf. §§ 2, 41.

Les exceptions apparentes à cette méthode très stricte sont, en fait, dictées par le souci de l'auteur de ne pas séparer des données ou des problèmes voisins. Ainsi traite-t-il dans la première partie des cohortes premières et des vexillaires — qui campent dans la prétenture — avant de traiter des côtés du prétoire ; mais les cohortes premières comme les vexillaires sont des troupes légionnaires et leur analyse ne doit pas être séparée de celle des cohortes légionnaires ; de même, les services — infirmerie, infirmerie pour chevaux, atelier — sont liés sur le terrain à la cohorte première et Hygin en traite en même temps que de celle-ci. De même encore, l'auteur expose au § 25 la méthode de calcul à employer pour les soldats auxiliaires, méthode qui trouve son application surtout dans la rétenture ; cela entraîne normalement aux §§ 26-27 le développement sur les cohortes montées milliaires et quingénaires puisque c'est elles principalement que concerne cette méthode, et, au § 28, la mention très rapide de l'organisation des cohortes à pied qui ressemble à celle des cohortes montées. Enfin, au § 39, le développement sur les modifications à apporter au prétoire et au *quaestorium* — qui se place après l'étude de la prétenture et avant celle de la rétenture — est amené par le développement sur les modifications apportées à la prétenture selon le nombre de troupes qui y campent.

Vocabulaire. Le *De munitionibus castrorum*, comme il a été dit plus haut, présente des particularités de langue et de style qui le distinguent des écrits des arpenteurs. Mais le lecteur est surtout frappé par l'emploi fréquent de mots techniques, de mots inconnus par ailleurs ou employés dans un sens inhabituel. On ne sera pas étonné de trouver des termes comme *striga*, *rigor*, *stella*, *scamnum*, *pedatura*, *interuallum*, qui font partie du langage technique de l'arpentage. Mais d'autres mots ne se trouvent que dans le *De munitionibus* — c'est le cas de *hemistrigium*, *retentura*, *uia sagularis*, *uia uicinaria*, *inceptatio* — ou ne sont que très peu représentés dans la langue latine : ainsi *gromaticus* que nous avons déjà rencontré, et *ueterinarium*, seul témoignage connu de la forme substantivée au neutre d'un adjectif employé presque exclusivement par Columelle. Hygin emploie également assez souvent des mots, parfois très connus par ailleurs, dans un sens qu'il est le seul à présenter : ainsi *praetentura* (« partie antérieure du camp » et non pas « frontière »), *praetendere* (« camper dans la prétenture » et non pas « camper en avant de »), *retendere* (« camper dans la rétenture » et non pas « détendre »), *titulum* (forme au neutre de *titulus*, qui désigne un « fossé court » et non pas une « enseigne » ou une « borne »), *tabulinum* et *signa* (noms des côtés d'un emplacement et non pas « pièce » et « enseignes » au sens matériel), *nouerca* (« emplacement défavorable du camp » et non pas « marâtre » ou « canal »), *clauicula* (« ouvrage de fortification » et non pas « petite clef » ou « bouchon »). On peut ajouter à cette liste, bien que la signification précise du mot nous échappe, les *ueredarii* pannoniens et le nom de certaines troupes alliées, *symmacharii*, bien que la présence du mot chez Hygin soit le résultat d'une correction[1].

Ce goût, ou du moins cette acceptation, des termes techniques de l'arpentage et plus encore de l'arpentage militaire, de la castramétation, la solide charpente de l'exposé nous confirment personnellement dans l'impression que nous sommes en présence d'un technicien, qui a les habitudes de langage de tout technicien et qui maîtrise parfaitement les données diverses de la question dont il traite. Qu'on ne puisse pas appliquer exactement les indications qu'il nous donne à l'étude

1. Cependant la proposition de Mommsen a été faite en 1884, alors que la découverte de l'inscription (*A. E.* 1935, 12) qui justifie la correction, date des années 1925. Celle-là ne résulte donc pas de celle-ci. Cf. *infra*, comm. § 77.

de détail des camps découverts par les fouilles[1] importe peu, puisque les instructions d'Hygin portent, comme il le dit lui-même, sur la partie préparatoire du travail sur le terrain. L'ouvrage se présente comme un traité théorique sur l'arpentage militaire, et n'a pu être écrit que par un homme au fait et des choses de l'armée à son époque et des techniques propres à sa profession.

Destinataire et date. Ce technicien a, du reste, un but bien précis, celui d'améliorer la pratique quotidienne des arpenteurs militaires. Pour cela, il s'adresse, respectueusement, à un haut personnage : § 45 *Domine frater*, § 47 *magnitudinem tuam.* Que ce haut personnage soit l'empereur, rien ne nous l'indique formellement, mais qu'il ne puisse être que l'empereur, chef suprême de l'armée, c'est ce que personne n'a mis en doute. Malheureusement, le nom de cet empereur ne nous a pas été transmis ; la correction de Lange au § 45, *Domine Traiane*, n'est appuyée sur rien dans la tradition manuscrite et doit être rejetée, même si, à notre avis, le traité a bien été écrit à l'époque de Trajan et a dû lui être dédié. Cela pose le problème de la date du texte : il ne peut être résolu que grâce à l'analyse même de l'ouvrage et par la comparaison des données internes avec ce que nous savons de l'armée romaine et de son évolution. Nous traiterons donc cette question dans notre commentaire, auquel nous renvoyons (§§ 121-144).

III. — La tradition

A. — Manuscrits.

Le *De munitionibus castrorum*, sous des titres variés, nous a été transmis avec les textes des arpenteurs ro-

1. Cf. les deux comptes rendus de l'ouvrage de Domaszewski, *Die Anlage der Limeskastelle*, Heidelberg, 1908, par R. Schneider,

mains, qui forment le *Corpus Agrimensorum Romanorum*. C. Thulin, à qui nous devons la publication, malheureusement inachevée, de ce Corpus dans la collection Teubner, s'était attaché auparavant, dans une série d'articles, à l'étude de la tradition manuscrite de ces textes[1]. Il a ainsi dénombré treize manuscrits portant le *De munitionibus*. Ce sont :

— Wolfenbüttel, Herzog August Bibliothek *Cod. Guelf. 36. 23 Aug 2°*. C'est le célèbre *Arcerianus*, que C. Thulin nomme *A*.

— Vatican, *Vat. lat. 3132* (*V*), que Thulin a identifié comme l'*apographon Basilii Zanchii*, copie de *A* effectuée entre 1504 et 1544, peut-être à la demande de Colotius.

— Paris, Bibl. nat., *lat. 7229*, copié sur *V*.

— Vatican, *Vat. lat. 3893*, qui contient à la fois des extraits de *V* et d'un autre manuscrit des *Agrimensores*, *F* (*Florentinus*, *Laurent. XXIX Cod. 32*), et qui a appartenu à Antonius Galaesius Massa.

— Vatican, *Barb. lat. 164*, manuscrit de Iacobus Metellus Sequanus, copié entre 1544 et 1546. Dans la marge, près de l'incipit, Metellus ajoute : *ex Antonij Galesii Massae codice et Bas. Zanchi*, ce manuscrit est donc copié sur le manuscrit de Massa, *Vat. lat. 3893*, puis corrigé d'après celui de Zanchi, *V*.

— *Apographon Wouwerianum*.

— *Apographon Eyundianum*. Ce manuscrit, comme le

in *Göttingische gelehrte Anzeigen*, 1908, n° 10, p. 853-856, et par A. R., in *Literarisches Zentralblatt*, 1908, n° 48, p. 1562-1563.

1. C. Thulin, *Die Handschriften des Corpus Agrimensorum Romanorum*, in *Anhang zu den philologischen historischen Abhandlungen der königlich-preussischen Akademie der Wissenschaften*, 1911 /2, p. 1-101. — C. Thulin, *Humanistische Handschriften des Corpus Agrimensorum Romanorum*, in *Rheinisches Museum* 66, 1911, p. 417-451. — C. Thulin, *Zur Überlieferungsgeschichte des Corpus Agrimensorum — Exzerptenhandschriften und Kompendien*, in *Göteborgs Kungl. Vetenskap-och vitterhets samhälles Handlingar* 14, 1911, 69 p.

précédent, ne contient que le *De munitionibus castrorum*. Tous deux ont été copiés sur *Barb. lat. 164*; ils sont actuellement reliés avec l'*Arcerianus*.

— Jena, Universitätsbibl., *Cod. fol. 156*, copie de *A* exécutée dans la première moitié du XVIe siècle.

— Leyden, Universiteits-Bibl., *Scal. 56 A*, copie de *A* effectuée par Scaliger (2e moitié du XVIe siècle).

— Weimar, Thüringische Landesbibl., *G. 98*, ou *apographon Joh. Arcerii* (2e moitié du XVIe siècle).

— Paris, Bibl. nat., *lat. 8732 A*, copie du précédent effectuée par F. Nansius.

— München, Bayerische Staatsbibl., *lat. 4024*, copie de Fr. Lindenbrog, d'après *A*, *F* et les extraits des *Agrimensores* contenus dans le *Florentinus*, *Laurent. XXIX Cod. 19.* Ce manuscrit remonte au début du XVIIe siècle.

— Paris, Bibl. nat., *lat. 8732 B*, copie partielle du précédent. Le manuscrit *Nouv. acq. lat. 466*, qui contient les observations d'un philologue de la première moitié du XVIIe siècle sur le *De munitionibus*, indique que le manuscrit *8732 B* a été copié en 1624.

Avec l'*Arcerianus*, nous possédons la source de tous les autres manuscrits, aucun document nouveau n'ayant été, à notre connaissance, mis au jour depuis les études de C. Thulin au début de ce siècle.

Il est inutile d'apporter ici une étude de ce manuscrit bien connu[1]. Qu'il nous soit permis de rappeler qu'il s'agit en fait de deux manuscrits distincts, mais approximativement contemporains, et désignés d'ordinaire par les lettres *A* et *B*. Ces deux manuscrits sont en parchemin, écrits recto et verso sur deux colonnes.

1. On pourra se reporter, pour l'histoire, le contenu et les problèmes de datation de ce manuscrit à C. Thulin, *Die Handschriften des Corpus Agrimensorum Romanorum* (cf. note précédente), p. 10-41, et à l'introduction rédigée par H. Butzmann à la reproduction de l'*Arcerianus A*, dans la collection *Codices Graeci et Latini* (XXII, Leyde, 1970).

Les deux parties sont écrites toutes deux en onciale ; l'actuelle seconde partie, *B*, semble plus ancienne : E. A. Lowe propose de la dater de la fin du ve siècle ou du début du vi^e^ siècle et de dater dans le vi^e^ siècle la partie *A*[1]. Rappelons également que c'est l'*Arcerianus B* qui contient le texte du *De munitionibus castrorum*, lequel occupe les feuilles 126 V.b, de la ligne 15, à 137 V.a, à la ligne 13 ; l'incipit, comme il a déjà été dit, se trouve au sommet de la feuille 125 R.

B. — Texte de l' « Arcerianus ».

Une étude assez détaillée des particularités de l'*Arcerianus* concernant notre texte a été faite par Domaszewski dans l'édition qu'il a donnée de celui-ci. Nous renvoyons donc à cette étude pour certains points de détail, en particulier la division du texte en paragraphes, les diverses abréviations utilisées et quelques particularités orthographiques que nous n'avons pas signalées dans notre apparat. Cependant la révision du manuscrit que nous avons effectuée sur un microfilm qui nous a été obligeamment fourni par la Herzog August-Bibliothek de Wolfenbüttel nous a permis de préciser quelques points qui méritent d'être signalés ici.

Chaque colonne du manuscrit comporte 26 lignes d'écriture, à l'exception de la colonne 132 V.a, qui en comporte 29. Les cinq dernières lignes ont été écrites par-dessus deux lignes érasées, dont les signes apparaissent sous le texte ajouté. Il faut donc bien lire, comme le souligne Domaszewski, *co aequitat. mil. II (Cohortes equitatae miliariae II)* à la fin de la ligne 27.

Corrections médiévales. Domaszewski distinguait deux correcteurs médiévaux ayant travaillé sur le manus-

1. E. A. Lowe, *Codices Latini Antiquiores*, IX (Oxford, 1959), n° 1734 a (= *B*) et n° 1734 b (= *A*).

crit ; le premier serait le copiste même qui aurait corrigé son propre travail d'après son modèle ; la date de travail du second n'était pas précisée. De fait, certains ajouts ne peuvent avoir été faits que d'après le modèle même : ainsi l'addition de *legionum* dans la phrase *ubi munera legionum dicuntur* (f. 131 R.a-§ 20), qui, comme le remarque Domaszewski, est en elle-même superflue. De plus, la forme des lettres invite à penser que c'est le copiste du manuscrit qui a fait la correction. Mais il nous semble qu'il convient de distinguer deux autres mains plus récentes : l'une — A^2 dans notre apparat — est, en fait, très proche de la première ; elle ne s'en sépare que par la moins grande attention à distinguer les pleins et les déliés et par la forme de certaines lettres (*a* plus pointus). Chronologiquement, ces corrections doivent se placer peu de temps après l'écriture du manuscrit. L'autre — A^3 dans notre apparat — est, elle, beaucoup plus récente : XIIe ou XIIIe siècle ; elle se distingue assez facilement des deux autres. On lui doit quelques ajouts de syllabes, particulièrement à la fin du texte, et des mécorrections (§ 21, f. 131 R.a : *quantum* corrigé en *quam*), faites au moyen de points placés sous la ligne d'écriture, alors que les corrections de ce genre par la première main sont signalées par des points placés au-dessus de la ligne (§ 51, f. 136 R.b : *ceruoeruoli* corrigé par le copiste en *ceruoli*).

Corrections postérieures. L'*Arcerianus* se signale, en ce qui concerne le *De munitionibus*, par d'assez nombreux essais de correction, notés dans la marge sur le manuscrit même par les humanistes qui l'ont soit possédé, soit eu entre les mains. Les précédents éditeurs ont considéré que ces corrections étaient toutes dues à P. Schrijver, dernier possesseur du manuscrit, et les ont signalées comme telles.

Or, si ces corrections sont peut-être écrites de la main

de Schrijver, la paternité d'un certain nombre d'entre elles doit être attribuée à d'autres érudits. En effet, certaines améliorations, parfois minimes (§ 3, f. 127 V.b : *cumuinatus* corrigé en marge *combinatus*), sont proposées, dans une lettre à Schrijver, par Pontanus[1]; or celui-ci ne manque pas de signaler les corrections déjà faites sur le manuscrit lorsqu'il les reprend dans cette lettre. Schrijver, si du moins il a bien écrit ces notes, les a donc empruntées à son correspondant. De même, dans la marge de f. 130 V.b (§ 19), on lit, pour corriger le manuscrit *sinpraetores* : *sint imperatori Salm*; effectivement, Saumaise a proposé ce texte en 1620, dans ses notes sur l'*Histoire Auguste*[2]. Lorsque nous avons adopté ces corrections, nous nous sommes donc efforcé de les attribuer au premier érudit qui les a proposées; si la première correction attestée est celle qui figure dans la marge, nous l'avons notée par *corr.*

De plus, certaines de ces corrections sont écrites par une main différente : ainsi la correction de *ramossi* en *ramosi* (§ 51 — f. 136 R.b) est sans doute écrite par Juste Lipse, qui a vu le manuscrit et corrige ainsi dans son *Poliorceticon*, dès 1596.

Fautes fréquentes et particularités non signalées dans l'apparat critique.

— *b* pour *u* : l'*Arcerianus* écrit toujours *ballum* pour *uallum* et, par exemple, *clabicula* pour *clauicula.*

— *ae* pour *e* : toujours *aequus*, *aeques*, *aequitata.* Inversement, *e* pour *ae* dans les génitifs singuliers et les nominatifs pluriels. Ces variantes orthographiques, qui se répètent assez fréquemment, ont été corrigées par Pontanus dans sa lettre à Schrijver.

— Abréviation de *pes* : sur 68 emplois du mot *pes*

1. Cf. *infra*, p. XXIV.

2. Cl. Salmasius, *Historiae Augustae scriptores VI*, Paris, 1620, p. 112 f. (*Notae in Vulcatii Gallicani Auidium Cassium*).

à tous les cas du pluriel, on trouve 8 mentions en toutes lettres, 4 abréviations par *p*, 11 par *pđ* et 45 par *ped*. Ces trois abréviations peuvent chacune prendre les valeurs de *pedes*, nominatif et accusatif, et *pedum*.

Hemistrigium. Nous avons, comme Domaszweski, A. Gemoll et le *T. L. L.*[1], adopté cette orthographe pour désigner la bande de terrain de 30 pieds de large, largeur minimum permettant le campement d'un corps de troupes. Le mot, dans l'*Arcerianus*, n'a pas d'orthographe bien précise, mais est en général facilement identifiable. Le premier à avoir proposé cette orthographe est J. Rutgers[2]; Schele, Lange et W. Gemoll, dans leurs éditions, écrivent *semistrigium*.

Adjectifs et adverbes numéraux. Pour les nombres de 1 à 999, nous avons respecté l'écriture du manuscrit dans son alternance entre la mention en chiffres (§ 14 — f. 129 V.b : *ut supra pedum LX*) et la mention en lettres (§ 49 — f. 136 R.a : *regressis pedibus sexaginta*). De même, pour le nombre 1000, l'*Arcerianus* porte cinq mentions en toutes lettres — dont une au moins est une faute pour *miliaria* — et cinq fois le signe ∞, que nous avons remplacé par M, alternance que nous avons également respectée.

Nous avons également noté, comme le manuscrit, les milliers par la barre horizontale au-dessus du chiffre des unités, en corrigeant toutefois, comme le texte y oblige, au § 42, DCDCCCXX en $\overline{\mathrm{VI}}$DCCCXX. En effet, cette cohérence dans la notation est, à nos yeux, un appui à la correction que Fabricius apporte au texte du § 44, puisque ce passage est le seul où un nombre

1. A. von Domaszewski, éd.; A. Gemoll, *Die Hyginische Lagerbeschreibung*, in *Hermes* 14, 1880, p. 247-256 (p. 251).
2. I. Rutgersius, *Variarum Lectionum libri sex*, Leyde, 1618, p. 49.

de milliers est indiqué en toutes lettres dans l'*Arcerianus*[1].

IV. — Éditions et commentaires

Bien que transmis au milieu des textes des Arpenteurs, le *De munitionibus castrorum* a toujours connu un destin particulier. Ainsi, Blume, Lachmann et Rudorff, suivant en cela une des branches de la tradition du *Corpus*, ne l'ont pas reçu dans leur ouvrage[2]. Il a été publié soit dans des recueils portant sur l'art militaire, au XVIIe siècle, soit à part, à l'époque moderne.

La première édition du texte remonte à 1607 ; elle est due à P. Schrijver, qui l'inclut dans un recueil de textes militaires, qui porte en titre : *Fl. Vegetii Renati aliorumque aliquot ueterum de Re Militari libri. Accedunt Frontini Strategematibus eiusdem auctoris alia opuscula. Omnia emendatius, quaedam nunc primum edita à Petro Scriverio. Cum Commentariis aut Notis God. Stewechii et Fr. Modii — Lugduni Batauorum — In officina Plantiniana Raphelengij.* Schrijver indique dans la nomenclature des auteurs : *Iulii Hygini Gromaticus siue de Castrametatione liber, nunc primum ex antiquissimis membranis editus.* Cette édition, qui se voulait une copie fidèle de l'*Arcerianus*, comporte cependant quelques corrections minimes. Schrijver donna en 1621 une seconde édition de ce livre.

La deuxième édition, en 1660, fut l'œuvre de R. Schele. La page de titre du livre que nous avons consulté à la Bibliothèque nationale de Paris porte le texte suivant : *Hygini gromatici et Polybii Megalopolitani de Castris Romanis quae exstant — cum notis et animadversionibus, quibus accedunt dissertationes aliquot de re*

1. Cf. *infra*, comm. § 114.

2. F. Blume, K. Lachmann, A. Rudorff, *Die Schriften der römischen Feldmesser*, Hildesheim, 1967 (reproduction de l'édition de Berlin, 1848-1852).

eadem militari populi romani. R. H. S. — Amstelodami — Apud Judocum Pluymer.; une note manuscrite précise : *author earum Notarum et animadversionum est Rogerius H. Sceel, eques provinciae Transisalanae.* La réimpression de l'ouvrage dans le volume X du *Thesaurus Antiquitatum Romanarum* de J. G. Graevius en 1735 indique le nom de l'auteur en toutes lettres et lui restitue ses véritables prénoms et l'orthographe de son nom, Ratbod Hermann Schele. Le principal intérêt de l'ouvrage réside surtout dans les notes, où Schele propose de nombreuses corrections adoptées par les éditeurs suivants.

Outre ces deux éditeurs, de nombreux érudits se sont intéressés, à cette époque, au texte du *De munitionibus castrorum* : Casaubon, dans une lettre à Schrijver, promet un commentaire à Hygin[1] ; Saumaise utilise et corrige le texte dans un certain nombre d'écrits ; Rutgers revient à plusieurs reprises sur le texte dans ses six livres de corrections en 1618 ; Pontanus propose des corrections dans une lettre à Schrijver datée de 1621, et actuellement reliée avec l'*Arcerianus*.

Il faut attendre ensuite 1848 pour trouver une nouvelle édition, par Chr. C. Lange[2], munie d'un apparat critique et de notes formant commentaire. Lange, dans cette édition, a utilisé trois manuscrits qu'il a appelés *A*, *B*, *C*, — *A* étant l'*Arcerianus*, *B* et *C* deux manuscrits voisins de celui-ci, mais ayant, selon Lange, une origine différente. Dès 1876, A. Gemoll a démontré que ces deux manuscrits n'étaient que des copies indirectes de l'*Arcerianus*[3]. A la suite de H. Droysen,

1. D'après une indication de R. H. Schele, éd., p. E3r de l'introduction.

2. Göttingen, Vandenhoeck et Ruprecht, 1848.

3. A. Gemoll, *Das Verhältniss der drei Wolfenbüttler von Lange für das Fragment De munitionibus castrorum benutzten Handschriften*, in *Hermes* 10, 1876, p. 244-250.

utilisant lui-même une indication de F. Blume[1], C. Thulin a montré dans son étude qu'ils sont identifiables respectivement à l'*apographon Eyundianum* et à l'*apographon Wouwerianum*, copies du manuscrit de Metellus Sequanus[2].

Ce travail de Lange, qui conserve néanmoins toute son importance, constitue le point de départ d'une activité certaine autour du texte d'Hygin. En 1879, W. Gemoll, utilisant les résultats acquis par son frère dans l'étude de la transmission du texte, ne se fonde que sur l'*Arcerianus* pour publier le *De munitionibus castrorum* dans la collection Teubner. En 1887, A. von Domaszewski suit cet exemple pour éditer à nouveau le texte, avec une traduction allemande et un important commentaire, qui en font l'édition la plus couramment utilisée de nos jours[3].

Entre 1850 et 1890 paraissent également de nombreux articles, touchant soit à la tradition manuscrite, soit à la date de composition du texte, soit encore à la description du camp faite par Hygin. Notons parmi ces ouvrages une traduction en français, par M. Masquelez, en 1864, fondée sur l'édition de Lange[4].

A partir de la fin du XIXe siècle, les travaux portant directement sur le texte d'Hygin se font de plus en plus rares, le dernier article important étant celui, déjà cité, de A. Oxé en 1939, dans le volume de mélanges offert à H. Jacobi. Le traité est cependant fréquemment utilisé pour l'étude de l'armée et les savants continuent à prendre parti, parfois en une parenthèse très courte ou dans une note, sur la date de composition du texte.

1. H. Droysen, *Nachtrag zu den römischen Feldmessern*, in *Hermes* 14, 1880, p. 477-479.

2. C. Thulin, *Humanistische Handschriften des Corpus Agrimensorum Romanorum*, in *Rheinisches Museum* 66, 1911, p. 425.

3. Leipzig, S. Hirzel, 1887.

4. M. Masquelez, *Étude sur la castramétation des Romains et leurs institutions militaires*, Paris, 1864 (p. 344-449).

Le renouveau de l'intérêt pour le *De munitionibus* a été marqué par la récente édition de A. Grillone dans la collection Teubner, sous le titre *De metatione castrorum*[1], qui semble ignorer les travaux de C. Thulin et utilise aussi bien *A* que les manuscrits beaucoup plus récents de Leyde et Iéna.

J'ai trouvé en M. M. Rambaud un réviseur attentif et scrupuleux, à qui je dois de nombreuses et utiles remarques. Qu'il en soit ici remercié.

Mes remerciements vont également à M. R. Bloch qui avait accepté de diriger la thèse de l'École pratique des Hautes-Études, origine de ce travail, ainsi qu'à MM. J. André et P.-M. Duval, rapporteurs, dont les observations m'ont été très précieuses.

Je tiens, en outre, à exprimer ma gratitude à M. R. Marichal, qui m'a fait connaître les *papyri* militaires latins ; à M. G. Monthel, dessinateur, qui a réalisé l'illustration de cet ouvrage ; à M. R. Rebuffat qui m'a guidé tout au long de ma recherche et m'a fait profiter de sa profonde connaissance de l'armée et des camps romains.

1. Leipzig, 1977. Cf. A. Grillone, *Sul « De metatione castrorum » dello pseudo-Igino*, in *Latomus* 36, 1977, p. 794-800 et pl. XXVI.

SIGLES

A	Cod. Guelf. 36, 23. Aug. 2°, saec. V-VI.
recc.	apographon Wouwerianum et apographon Eyundianum, reliés avec *A*, saec. XVI.

Abréviations

Dom.	Éd. A. von Domaszewski, Leipzig, S. Hirzel, 1887.
Durry	M. Durry, *Les cohortes prétoriennes*, Paris, 1938.
Fab.	E. Fabricius, *Über die Lagerbeschreibung des Hyginus*, in *Bonner Jahrbücher* 118, 1909, p. 54-62.
Förster	J. W. Förster, compte rendu de l'éd. A. von Domaszewski, in *Neue Philologische Rundschau* 5, 1888, p. 72-76.
Gem.	Éd. W. Gemoll, Leipzig, Teubner, 1879.
A. Gem.	A. Gemoll, *Emendationen zu der Hyginischen Lagerbeschreibung*, in *Hermes* 17, 1882, p. 166-168.
Grill.	Éd. A. Grillone, Leipzig, Teubner, 1977.
Lange	Éd. Chr. C. L. Lange, Göttingen, Vandenhoeck et Ruprecht, 1848.
Lips.[1]	J. Lipse, *De militia Romana libri quinque*, Anvers, 1596.
Lips.[2]	J. Lipse, *Poliorceticon*, Anvers, 1596.
Mom.	Th. Mommsen, *Die Conscriptionordnung der römischen Kaiserzeit*, in *Hermes* 19, 1884, p. 1-79, 210-234.
Pont.	J. I. Pontanus, *Emendationes in libellum Hygini de castrametatione*, lettre manuscrite à P. Schrijver, reliée avec *A*, 1621.
Rutg.	I. Rutgersius (Rutgers), *Variarum lectionum libri sex*, Leyde, 1618.
Salm.[1]	C. Salmasius (Saumaise), *Plinianae exercitationes in Caii Solini polyhistora*, Paris, 1619.
Salm.[2]	C. Salmasius (Saumaise), *Historiae Augustae scriptores VI*, Paris, 1620.

Sch.	Éd. R. H. Schele, Amsterdam, 1660.
Scriv.	Éd. P. Scriverius (Schrijver), Leyde, 1607.
af Ursin	N. R. af Ursin, *De castris Hygini qui fertur quaestiones*, Helsingfors, 1881.
Vol.	R. Volaterranus (Maffei), *Urbanorum commentariorum*, Bâle, 1530-1603.
Zeiss	G. Zeiss, *Über die römischen Agrimensoren und die vorzüglichsten noch vorhandenen Schriften derselben*, in *Zeitschrift für die Altertumswissenschaft*, 1840, 7, p. 865-886.

PSEUDO-HYGIN

DES FORTIFICATIONS DU CAMP

1 Nous montrons maintenant la manière dont les cohortes décrites plus haut dressent leurs tentes. Une tente occupe 10 pieds, longueur augmentée de 2 pieds pour le montage, et abrite 8 hommes. Une centurie complète compte 80 soldats : on aura 10 tentes qui s'étendent sur une longueur de 120 pieds. Car en ce qui concerne la largeur de la demi-bande, 30 pieds, on donne 10 pieds pour la tente, 5 pieds pour les armes, 9 pieds pour les bêtes de somme : soit 24 pieds ; cela deux fois donne 48 : puisque, lorsque deux centuries campent l'une en face de l'autre[1], on crée une bande de 60 pieds, il reste 12 pieds, espace suffisant pour les allées et venues. Cet emplacement est calculé pour une centurie complète. Parmi les soldats quatre hommes feront partie de chaque tour de garde[2] et ils ne dressent donc pas plus de 8 tentes par centurie. Ainsi leur centurion pourra recevoir, sur le même emplacement que celui de leurs tentes, une place pour dresser la sienne ; sinon, il aurait fallu donner un plus grand nombre de pieds[3].

2 Les légions, puisqu'elles sont les corps de troupes provinciaux les plus sûrs[4], doivent camper près du

1. Cf. comm. §§ 25, 129.
2. Cf. comm. § 30.
3. Cf. comm. §§ 23-24, 27.
4. Cf. comm. § 29.

HYGINVS

DE MVNITIONIBVS CASTRORVM

1 Nunc papilionum tensionem cohortium supra scriptarum ostendimus. Papilio unus occupat pedes X, acc*i*pit incrementum tensurae pedes II, tegit homines VIII. Plena centuria habet milites LXXX : er*u*nt papiliones X, qui *de*currunt in l*ong*itudine pedum CXX. Nam quod ad latitudinem [est] hemi*s*trig*i*i pedum XXX attinet, papilioni dantur pedes X, armis pedes V, iumentis pedes VIIII : fiunt pedes XXIIII ; hoc bis XLVIII : quoniam, cum co*ntrari*ae tende*nt*, e*f*ficitur striga pedum LX, reliqui pedes XII qui conuersantibus spatio sufficient. Haec pedatura ad plenam *centuriam* est computata. Ex quibus in uigiliis singulis ⟨quaterni⟩ e*r*unt et non plus quam octonos papiliones singulae tendunt. Ita *fiet* ut centurio eorum in eadem pedatura eorum papilionum *t*ensionem accipiat ; alioquin plus dari oportuisset.

2 Legiones, quoniam sunt militiae prouinciales fidelissima*e*, ad *u*allum tendere debent, ut opus

1 accipit *Pont.* : -cepit *A* || erunt *A*[3] : erint *A*[1] || decurrunt in longitudine *Gem.* : occurrunt in latitudine *A* || est *del. Rutg.* || hemistrigii *Rutg.* : hemestrici *A* || attinet *Rutg.* : -nent *A* || cum contrariae tendent *ego* : cum comprae tenderet *A* coniuncti tendunt *Sch. et Gem.* cum compare tendent *Dom.* || efficitur *Rutg.* : et ficitur *A* || centuriam *Lange* : legionem *A* || quaterni *add. Dom.* || erunt *Lange* : eunt *A* || fiet ut *Sch.* : sic sicut *A* || tensionem *Pont.* : pens- *A*.
2 fidelissimae *Sch.* : -ma *A* || uallum *Sch.* : ballum *A, ut semper.*

rempart pour protéger cet ouvrage et maintenir, par leur nombre, l'armée levée dans les peuples étrangers à l'intérieur d'un mur humain[1]. Mais quand les troupes de renfort seront plus nombreuses, cas où il faut allonger l'emplacement, tout en conservant la largeur de la demi-bande, — la surface demeurant fixe —, nous modifierons cet emplacement : ceux qui avaient un espace de 120 pieds sur 180 auront ainsi 90 sur 240 pieds, selon le modèle de la figure ci-dessous, ou 60 sur 360 pieds, comme le montre la figure[2]. En effet, une cohorte campant sur un seul rang occupe 30 pieds sur 720[3] : dès lors, quand on augmentera la largeur dans une certaine proportion, on diminuera la longueur dans la même proportion. Si nous recevons un plus grand nombre de légions et moins de troupes de renfort, de sorte qu'il soit nécessaire d'établir les cohortes d'une manière plus serrée autour du rempart, nous opérons une conversion de l'emplacement : ce qui était attribué aux enseignes le sera au fond, mais nous ne modifierons pas la manière de dresser les tentes à l'intérieur des demi-bandes. Nous avons donné ci-dessous un plan de chacun de ces types. Parfois, on a coutume d'attribuer à une cohorte un espace de 150 pieds sur 150, mais, autant que faire se peut, il faut éviter cela, car les centuries ne pourront pas dresser leurs tentes selon l'ordre habituel et l'emplacement de la cohorte sera dégarni sur un côté, comme sur le plan ci-dessous[4].

3 La cohorte première, à cause des enseignes et de l'aigle, campe en deçà de la voie de couverture et, puisqu'elle a un effectif double, elle recevra un emplace-

1. Cf. comm. § 78.
2. Cf. comm. § 16.
3. Cf. comm. § 21.
4. Cf. comm. §§ 32-34.

ualli tueantur et exercitum gentibus *im*p*er*atum suo numero corporali in muro *tene*a*nt*. Quando autem supplementa plura fuerint, ubi necesse est cohor*ti*s pedaturam extendere, seruata l*a*titudine *h*emistrig*i*i, et id pede manenti, *e*am muta*b*imus, ut qui*bu*s fuit CXX per CLXXX, sic sit XC per CCXL, in modum formae subiect*ae*, uel LX per CCCLX, similiter ut forma ostenditur. XXX enim pedes per *DCC*XX cohors ⟨in⟩ unum occupat : nunc, quotiens latitudo duplicatur, longitudo par*i*t*er* minuet*ur*. Quod*si* legiones plures acceperimus et supplementa pauc*i*ora, ut necessarium sit cohortis circa uallum crebrius ponere, conuertimus pedaturam : quod fuerit signis, tabulin*o* ⟨erit⟩ n*ec h*e*mi*s-tr*igi*a mutabimus ratione tensurae suae. Cuiusque generis ⟨formam⟩ subiecimus. Aliqua*ndo* cohor*ti* CL per CL solet adsignari, sed, in quantum fieri potest, deuitari debet de eo, quod centuriae suo ordine tendere non poterint et pedatura cohortis un*a* parte nudabitur, sicut forma subiecta est.

3 Cohors prima causa signorum et aquilae intra *uiam* sagulariam et, quoniam duplum numerum habe*t*, duplam pedaturam accipiet, utputa signis

2 imperatum *Lange* : meatum *A* ‖ teneant *Salm.*^{2} : sene *A* ‖ plura *Sch.* : aplura *A* ‖ cohortis *Sch.* : chors *A* ‖ extendere *A corr.* : -derere *A* ‖ seruata latitudine *Sch.* : seruataltitudinem *A* ‖ hemistrigii *Rutg.* : emistrici *A* ‖ eam mutabimus *Sch.* : iam mutauimus *A* ‖ quibus *Dom.* : quis *A* ‖ formae subiectae *Gem.* : formaetsubiectum *A* ‖ DCCXX *Sch.* : diae XX *A* ‖ in *add. Dom.* ‖ unum A^{ac} : urium A^{pc} ‖ pariter *Lange* : partis *A* ‖ minuetur *Sch.* : minuet *A* ‖ quodsi *Sch.* : quod *A* ‖ pauciora *Sch.* : -cora *A* ‖ sit *add.* A^{1} ‖ pedaturam *Sch.* : perd- *A* ‖ tabulino *Sch.* : -num *A* ‖ erit *add. Lange* ‖ nec hemistrigia *ego* : nū senestra *A* ‖ formam *add. ego* ‖ subiecimus *Sch.* : -ieciemus *A* ‖ aliquando *Sch.* : -qua *A* ‖ cohorti *Sch.* : -hors *A* ‖ una parte *Sch.* : uno pariter *A*.

3 uiam sagulariam *Rutg.* : besag- *A* ‖ habet *Salm.*^{2} : -bes *A*.

ment double, par exemple 120 pieds pour les enseignes, 360 pour le fond, ou 180 pieds pour les enseignes, 240 pieds pour le fond[1]; l'organisation du plan sera la même que pour le reste des cohortes. Donc, si l'on reçoit des légions en nombre impair, par exemple trois, deux cohortes premières devront camper dans les côtés du prétoire en s'alignant sur la voie de couverture, l'autre dans la prétenture, en s'alignant de même sur la voie de couverture, dans la partie gauche quand on entre par la porte prétorienne ; dans la partie droite, il faut qu'une cohorte campe en face d'elle[2], pour que l'on puisse faire sortir l'armée dans l'ordre habituel[3].

4 Mais quand on reçoit cinq ou six légions, dans chaque côté du prétoire devront camper deux cohortes premières, dans la prétenture deux et au-dessus de celles-ci les infirmeries, puis les vexillaires ou une seconde cohorte ; et si la situation l'exige, on peut y placer, au lieu des vexillaires, une cohorte à pied de cinq cents hommes, et si l'emplacement est trop restreint, on doit le donner à une cohorte légionnaire, mais en tenant compte de son effectif exact[4], pour que l'infirmerie et les autres services qui campent au-dessus ⟨de la cohorte première⟩, c'est-à-dire l'infirmerie pour animaux et l'atelier, reçoivent 120 pieds ; ce dernier service a été placé plus loin pour assurer le calme aux convalescents dans l'infirmerie. L'emplacement de ces services, pour chacun en particulier, est d'ordinaire calculé pour 200 hommes[5].

5 Les vexillaires[6] des légions doivent recevoir le même emplacement qu'une cohorte légionnaire, qui

1. Cf. comm. §§ 16, 35.
2. Cf. comm. §§ 107, 111-113.
3. Cf. comm. §§ 31, 36.
4. Cf. comm. §§ 21, 104.
5. Cf. comm. § 58.
6. Cf. comm. § 133.

pedes CXX, tabulino pedes CCCLX, uel signis ⟨pedes⟩ CLXXX, tabulino pedes CCXL; formae ratio ut reliqui*s*. Igitur si legiones impares, hoc est tres, acceptae fuerint, duae primae lateribus praetori*i* per rigorem uiae sagularis tendere debebunt, ali*a* in praetentura similiter per rigorem uiae sagularis intrantibus portam praetoriam parte l*a*eua; *d*extra co*h*or*s* contrari*a* tendat ut possit exercitus c*o*m*b*inatus educi.

4 Quotiens autem quinque uel sex legiones acceptae fuerint, *bin*ae cohortes primae lateribus praetorii tendere debebunt, duae in praetentura supra quibus ualetudinaria, deinde uexillarii ue*l* cohors se*c*und*a*; et si res exiget, cohors peditata quingenaria loc*o* uexillariorum solet superponi, et si strictior fuerit pedatura, coh*orti* legionariae dar*i* debet, sed numero suo, ut *C*XX pedes ualetudinarium et reliqua quae supra tenden*t* accipiant, hoc est ueterinarium et fabrica, quae ideo longius posita est ut ualetudinarium quietum esse conualescentibus posset. Quorum pedatura in singulas species ad homines *CC* solet computari.

5 Vexillarii legionum eandem pedaturam acc*i*pere debent qu*am* cohors legionaria, quae ad sescen-

3 pedes *add. Dom.* || reliquis *ego* : -qui *A* || praetorii *Sch.* : -ori *A*pc peraetori *A*ac || alia *Sch. dubitanter* : alii *A* || laeua *Sch.* : leua *A*ac leuauit *A*pc || dextra *Sch.* : ext- *A* || cohors contraria *Dom.* : -ortem -rio *A* || combinatus *Pont.* : cumui- *A*.
4 binae *Mommsen, teste Dom.* : uiae *A* || ualetudinaria *Sch.* : -tutinaria *A* || uel *Sch.* : ue *A* || secunda *Sch.* : sedunde *A* || et si res *A*² : et res *A*¹ || loco *Lange* : loca *A* || cohorti *Sch.* : cohrs *A* || dari *Sch.* : dare *A* || CXX *af Ursin* : LXX *A* || tendent *Sch.* : -dens *A* || pedatura *Sch.* : -ram *A* || CC *Sch. dubitanter* : et *A*.
5 eandem *A*pc : eadem *A*ac || accipere *Salm.*² : accepere *A* || quam *Salm.*² : quod *A*.

est comptée pour 600 hommes[1], à cause des bagages. Ils doivent camper dans la prétenture ou dans le côté du prétoire, comme je l'ai dit, au-dessus des cohortes premières. S'il se peut, ils ne doivent pas camper près du rempart parce que le légat n'a pas la même autorité sur eux, et s'il advient que le rempart soit détruit en partie par l'ennemi, la légion et son légat prétendront que les vexillaires en sont responsables[2].

6 Les cohortes prétoriennes doivent camper dans les côtés du prétoire et recevoir un emplacement double, car elles utilisent des tentes plus grandes[3]. Les primipilaires et les évocats reçoivent aussi une place dans le même emplacement[4].

7 Les cavaliers prétoriens campent dans le côté droit du prétoire, les cavaliers d'élite de l'empereur dans le côté gauche. Si l'effectif de ces derniers est plus grand, par exemple 600 cavaliers d'élite et 300 prétoriens, 150 cavaliers d'élite pourront camper dans la bande des prétoriens. Ainsi ils seront disposés à effectif égal de part et d'autre[5], et les décurions et le reste de leurs gradés, qui possèdent chacun deux chevaux, auront plus d'espace pour camper[6]. Si l'effectif des deux corps est moindre, au point qu'ils utilisent pour camper, sur chaque demi-bande, un espace assez grand pour contenir 100 hommes supplémentaires, il ne faudra pas hésiter ⟨à opérer le changement⟩, puisqu'on assignerait là leur emplacement aux membres de l'état-major[7] qui sont les plus proches d'eux sur le côté droit[8].

8 Si l'on reçoit des cohortes prétoriennes en nombre

1. Cf. comm. § 21 et n. 2, p. 37.
2. Cf. comm. §§ 37-38.
3. Cf. comm. §§ 46, 126.
4. Cf. comm. § 45.
5. Cf. comm. § 8.
6. Cf. comm. §§ 47, 64.
7. Cf. comm. § 45.
8. Cf. comm. §§ 47-50.

tenos homines computatur, causa impedimentorum. Tendere debent in praetentura uel latere praetorii, ut dixeram, super cohortes [ut] primas. Ad uallum, si fieri potest, ideo tendere non debent, quod legatus eorum pariter non sit et si casu ab hoste uallum interruptum fuerit, legio et legatus eorum per uexillarios factum esse contendet.

6 Cohor*te*s praetoriae lateribus praetorii tendere debent *e*t duplam pedaturam recipere quod te*nto*ri*is* maiori*bu*s utantur. Primipilar*es* etiam et eu*o*cati in eadem pedatura locum accipiunt.

7 Equites praetoriani latere dextro praetorii, singulares imperator*is* latere s*inistro*. Quorum si maior numerus fuerit, utputa singulares DC, praetoriani CCC, poterint CL singulares in striga praetorianorum tendere. Ita *fiet* ut et pari numero dispositi ⟨sint et⟩ decuriones et reliqui principales eorum binos equos possidentes propensius tendant. Et si minor numerus u*t*roru*m*que fuerit, ut centenis equitibus *h*emistrig*i*is suis laxius tendant, non erit *h*aesitandum, quoniam officialibus lateri *d*e*x*tro proximis ibi pedatura adsignaretur.

8 Quodsi cohor*te*s praetoriae impares accept*ae*

5 computatur *Dom.* : -tantur *A* || ut *del. Sch.* || et si A^2 : et A^1 || casu *Pont.* : casum *A* || interruptum A^{pc} : -tor A^{ac}.
6 cohortes *Sch.* : cohors *A* || praetorii *Pont.* : -riis *A* || et *Pont.* : ut *A* || tentoriis maioribus *Sch.* : temporib. maioris *A* || primipilares *Sch.* : -rib. *A* || euocati *Pont.* : eumc- *A*.
7 praetoriani *Rutg.* : praeter- *A* || imperatoris *Sch.* : -res *A* || sinistro *A corr. mg.* : suo *A* || fiet *Sch.* : sic *A* || sint et *add. Förster* || utrorumque *Sch.* : uirorunquae *A* || hemistrigiis *Rutg.* : aemitricis *A* || haesitandum *Sch.* : aesit- *A* || dextro *Sch.* : uestro *A*.
8 cohortes *Sch.* : cohors *A* || acceptae *Sch.* : -pto *A*.

impair, puisque le nombre et la disposition des cohortes à droite et à gauche du prétoire doivent être semblables[1], on placera au lieu d'une cohorte, des cavaliers prétoriens. Si les cavaliers d'élite sont 800 ou 900, ils devront camper à effectif égal dans les côtés du prétoire, sur des bandes entières ; s'ils sont près de 500, une bande doit leur suffire[2].

9 Nous devrons surtout veiller à ce que le côté du prétoire ne reçoive pas plus de 720 pieds de longueur. Ainsi les cohortes prétoriennes et le reste de la troupe qui campe dans le côté du prétoire camperont au mieux, sur des bandes entières, correspondant à leur emplacement ⟨réglementaire⟩[3]. Car, en ce qui concerne la largeur totale du prétoire, on peut la fixer entre 160 et 220 pieds, sur une longueur, comme je l'ai dit plus haut, de 720 pieds[4]. Il faut donner au piquet de garde 20 pieds le long du prétoire, mais, si les circonstances l'exigent, 10 pieds suffiront[5].

10 De même, pour les compagnons de notre empereur, on peut leur réserver de 50 à 70 pieds[6] ; on doit attribuer là un emplacement au préfet du prétoire, immédiatement adjacent à la voie principale. On intercale ensuite une voie, puis viennent les cohortes prétoriennes et le reste de la troupe : nous avons indiqué dans notre écrit comment on doit les disposer.

1. Cf. comm. § 8.
2. Cf. comm. §§ 16, 49.
3. Cf. comm. §§ 16, 47.
4. Cf. comm. § 39.
5. Cf. comm. § 44.
6. Cf. comm. § 45.

fueri*nt*, quoniam numerus et dispositio dextra l*ae*uaq*ue* praetorii *cohortium* a paribus esse debent, loco cohortis equites praetoriani ponentur. Singular*e*s autem [C] si DCCC aut DCCCC fuerint, pari numero integris strigis lateribus tendere debebunt; si ad *D* fuerint, [ut] striga e*i*s sufficiat.

9 Illu*d* maxime obseruare debebimus ut latus p*rae*tori*i* non plus quam DCCXX pedes longitudinis accipiat. Ita fiet ut cohortes pr*ae*toriae et reliquus numerus qui latere praet*o*rii tendit integris strigis sua pedatura optime tendant. Nam, quantum ad latitudinem praetorii totius attinet, a CLX a*d* CCXX potest obseruari in longitudinem, ut supra dixi, pedum DCCXX. Stationi dari oportet secundum praetorium pedes XX et, si res exigit, pedes X suffic*i*ent.

10 Item comitibus imperatori*s* nostri a pedibus L [ut] ad LXX potest obseruari, in qua pedatura pr*aefecto* pr*aetorio* primo loco a u*i*a principali adsignari debet. Interposita deinde uia cohortes praetoriae et reliquus numerus prout disponi *debe*nt* *[de] libello ostendimus.

8 fuerint *Sch.* : -rit *A* || laeuaque *Sch.* : leuaq. *A* || cohortium *Dom.* : centuriones *A* || singulares *Sch.* : -ris *A* || C *del. Sch.* || numero *Sch.* : -ros *A* || D *Lange* : nos *A* || ut *del. ego*, et *prop. Dom.* || eis *Lange* : est *A*.

9 illud *Pont.* : illum *A* || praetorii *Sch.* : p. L. actori *A* || praetoriae *Lange* : primipilariumactoriae *A* || praetorii *Sch.* : -terii *A* || ad *Sch.* : at *A* || sufficient *Salm.*[2] : -cent *A*.

10 imperatoris nostri *Salm.*[2] : -rib. nostris *A* || ut *del. Sch.* || praefecto praetorio *Sch.* : pro pr̄ *A* || uia principali *Lange* : uta principalia *A* || cohortes *Sch.* : -tis *A* || praetoriae *Rutg.* : praebet- *A* || debent — ostendimus *Lange* : de libello ostendimus (extend- A^{ac}) debet A^{pc}.

11 On dresse les autels selon le plan donné plus bas[1] ; nous placerons l'*auguratorium* dans la partie droite du prétoire près de la voie principale, pour que le chef puisse y prendre les augures selon les règles ; dans la partie gauche, on installe le tribunal, pour que le chef, après avoir pris les augures, y monte et harangue l'armée sous un heureux auspice[2].

12 A l'entrée du prétoire et au milieu de celle-ci près de la voie principale[3], se trouve le point appelé *groma*, parce que la troupe vient se rassembler ici ou que, quand on fixe les mesures, on y place le pied de fer sur lequel on installe la *groma*, afin que les portes du camp, pour qui observe de ce point leurs directions, dessinent une étoile[4]. Et pour la raison exposée ci-dessus, ceux qui pratiquent cette technique ont été appelés *gromatici*[5].

13 On crée tout près de la voie de couverture des voies de quartier qui traversent le camp parallèlement à celle-ci, pour que les corps de troupes puissent s'avancer facilement pour une sortie[6].

14 J'exposerai maintenant l'organisation de la prétenture. La voie principale, entre la porte droite et la porte gauche, tire son nom des *principia*[7] ; elle doit avoir la même largeur que l'ouvrage de 60 pieds qui se trouve entre le rempart et les légions et, pour cette

1. Cf. comm. § 40.
2. Cf. comm. § 41.
3. Cf. comm. § 9.
4. Cf. comm. § 42.
5. Cf. introd., p. VIII.
6. Cf. comm. §§ 11-12.
7. Cf. comm. § 4.

11 Aris institutis in formam partis imae, auguratorium parte dextra praetorii a*d* u*ia*m principalem a*dsi*gn*ab*imus, ut d*u*x in e*o* augurium recte capere po*ssit*; parte l*a*eua tribunal statuit*ur*, ut augurio accepto insuper ascendat et exercitum felici a*u*spicio adloquatur.

12 In introitu praetorii partis mediae a*d* uiam principalem gromae locus appellatur quod turba *i*bi congruat siue in dictatione meta*tionis* posito in eodem loco ferramento groma superponatur, ut portae castrorum in conspectu rigoris stellam efficiant. Et professores eius artis causa supra script*a* gromatici sunt cognominati.

13 Viae uicinariae ideo dantur percurrentes proxime sagular*em*, ut a*d* eruptionem exercitus expediti progredi poss*i*nt.

14 Nunc praete*n*turae rationem exponam. Via principalis qua*e* est inter portas dexteriorem et sinistriorem, quae a princip*ii*s nomen o*b*ti*net*, esse debet latitudine eadem qua opus pedum LX quod est inter uallum et legiones et ideo *a* quibusdam

11 aris *Sch.* : aeris *A* || ad uiam *Rutg.* : at ura *A* || adsignabimus *Dom.* : agnouimus *A* || dux in eo *Rutg.* : dixineet *A* || possit *Rutg.* : potest *A* || laeua *Lips.*[1] : leua *A* || statuitur *Sch.* : -to *A*[1] -tor *A*[2] || auspicio *Rutg.* : ahosp- *A*.

12 introitu *Sch.* : -tum *A* || ad *Salm.*[1] : aut *A* || ibi *Rutg.* : bi *A* || dictatione metationis *Dom.* : -tionē etad *A* || posito *Salm.*[1] : -tio *A* || conspectu *Sch.* : -tum *A* || professores *Sch.* : -siores *A* || scripta *Sch.* : -ti *A*.

13 sagularem *Rutg.* : ragularis *A*[ac] sagularis *A*[pc] || ad *Rutg.* : ab *A* || possint *Rutg.* : -sunt *A*.

14 praetenturae *Rutg.* : -teriturae *A* || uia *Rutg.* : uiam *A* || quae *Rutg.* : qua *A* || principiis *Sch.* : -pes *A* || obtinet *Rutg.* : opti *A* || latitudine eadem *Rutg.* : alat- eandem *A* || a *add.* *A*[3].

raison, a été appelé par certains *interuallum*[1]. De même, la voie qui mène à la porte prétorienne, — c'est de « prétoire » que vient assurément « voie prétorienne » —, a, comme celle dont je viens de parler, une largeur de 60 pieds[2]; de par l'orientation des lignes de tentes, les bandes situées au-dessus d'elle dans la prétenture ne lui sont pas parallèles, puisque les enseignes devront regarder vers la voie prétorienne[3].

15 C'est donc au-dessous de la voie principale que nous donnerons aux légats[4] leur emplacement, qui a été appelé *scamnum* et dont on ne fixe pas les mesures comme pour les bandes, à cause du nombre variable des légions ; on devra toujours lui réserver une largeur de 50 à 80 pieds, selon que le nombre des légions l'exigera[5]. C'est là que campent d'ordinaire les tribuns des cohortes prétoriennes. De même, on doit attribuer aux tribuns de légion un emplacement au-dessous de celui-ci, qui est nommé également *scamnum*[6] ; puis on intercale une voie, et viennent les ailes milliaires ou de 500 hommes et ainsi de suite ; nous avons montré dans le plan ci-dessous comment chaque corps devra camper.

16 J'en viens maintenant, pour en parler au lieu convenable, à l'aile milliaire. Elle comporte 24 turmes où sont comptés les décurions, les gradés à double solde, les gradés à une solde et demie, en nombre égal à celui

1. Cf. comm. § 10.
2. Cf. comm. § 6.
3. Cf. comm. § 14.
4. Cf. comm. § 114.
5. Cf. comm. § 64, n. 1, p. 70.
6. Cf. comm. § 51.

interuallum est cognominatu*m*. Item uia quae ducit ad portam praet*o*riam, — *a* praetorio sine dubio uia praetoria d*i*citur —, latitudine, ut supra, pedum LX, propter qu*am* rigore *t*ensur*ae* suae superiore*s* strig*ae* in praet*ent*ura non percurrunt, quoniam ad uiam praetoriam signa spectare debebunt.

15 Dabimus itaque in*f*ra uiam principalem legatis pedaturam quod scamnum est appellatum nec communis strigarum dic*t*ationem metation*is* habe*t* propter *legionum* numerum incertum, quod [non] semper latitudine a pedibus L a*d* LXXX obseruari debebit, prout numerus legionum effecerit. In quo tribun*i* cohortium praetoriarum tendere solent. Similiter tribuni*s* legionum inferius adsignari debet, quod aeque scamnum dicitur ; a quo uia interposita alae miliariae uel qui*n*genariae, et deinceps ; prout quis tendere debebit in forma subiecimus.

16 Nunc, ut suo referam loco, ad alam miliariam. Turmas habet XXIIII, in eis decuriones, duplicarii, ses*qui*plicarii : idem qui et numerus turmarum *e*st. A*l*unt equos singuli decuriones ter-

14 cognominatum *Sch.* : -tus *A* || uia *Rutg.* : uiam *A* || praetoriam *Rutg.* : -turiam *A* || a *Sch.* : in *A* || dicitur *Rutg.* : duc- *A* || latitudine *Rutg.* : -nem *A* || quam *Lange* : quod *A* || rigore *Sch.* : -rem *A* || tensurae *Rutg.* : censure *A* || superiores strigae *Sch.* : -ris -gis *A* || praetentura *Grill.* : praetoriiura *A* praetorii ora *edd. a Sch.*

15 infra *A. Gem.* : intra *A* || dictationem metationis habet *Sch.* : indicationem moetationes habere *A* || legionum *Sch.* : 77 *A* || non *del. Lange* || latitudine *Sch.* : -nem *A* || L ad *A corr. mg.* : lat *A* || legionum *Sch.* : lectio- *A* || tribuni *Sch.* : -no *A* || tribunis *Sch.* : -ni *A* || alae *Sch.* : aliae *A* || quingenariae *Scriv.* : quigen- *A*^{pc} gen- *A*^{ac}.

16 alam *Sch.* : aliam *A* || decuriones *Salm.*^{2} : demcu- *A* || sesquiplicarii *Salm.*^{2} : sexpli- *A* || est. Alunt *Lange* : stabunt *A* || equos *Salm.*^{2} : etquos *A*.

des turmes. Les décurions possèdent chacun trois chevaux, les gradés à double solde et à une solde et demie, chacun deux. Ainsi au nombre de mille chevaux, — et déduction faite d'un cheval par gradé qui est compris dans ce nombre —, il faut ajouter 96 chevaux. L'aile de 500 hommes comporte 16 turmes, des décurions et des autres gradés en proportion du nombre de turmes, et, comme plus haut, des chevaux supplémentaires au nombre de 64. On compte pour cette raison trois pieds par cavalier ; on établit leur nombre à un millier pour que, dans cette surface, le préfet de l'aile reçoive son emplacement et que leurs gradés puissent camper de façon un peu plus lâche ; sinon chaque cavalier ne recevrait que deux pieds et demi[1].

17 En ce qui concerne la rétenture, la voie qui est au-dessus du prétoire, — dans le prolongement de laquelle, quand l'armée est plus nombreuse, c'est-à-dire comporte cinq légions et au-delà, on place d'ordinaire les portes quintanes —, doit recevoir une largeur de 40 pieds ; si l'on place les portes, elle recevra 50 pieds, et on la nomme également « quintane » à cause des troupes[2].

18 Le *quaestorium* est ainsi nommé parce que les questeurs y recevaient parfois leur emplacement ; il est au-dessus du prétoire dans la direction de la porte qui, parce que les dixièmes cohortes campent là, a été appelée « décumane ». Le *quaestorium* doit être d'une largeur moindre que le prétoire[3] pour que les bandes des gendarmes soient tout près de l'arrière du prétoire. On y place principalement les ambassadeurs des ennemis

1. Cf. comm. §§ 60-66.
2. Cf. comm. § 5.
3. Cf. comm. § 117.

nos, duplicarii et sesquiplicarii binos. Sic super numerum equorum mille, — deductis singulis qui in numerum computantur —, XCVI. *Ala quingenaria* turmas habet XVI, decuriones et reliqua prout numerum turmarum, amplius *e*quos, ut supra, LXIIII. Et ideo in singulis equitibus terni pedes computantur; mille *ef*ficitur ⟨ut⟩ in eo pede praefectus alae ped*a*turam accipiat et principales eorum aliquo laxius tendant; alioquin singuli binos pedes et semisses acciperent.

17 Quantum autem *ad* re*t*ent*ura*m pertinet, uia qua*e* est super praetori*o*, per cuius rigorem utraque parte, cum maior exercitus est, hoc est quinque legiones et supra, portae qu*int*a*n*ae dari solent, accipere debet latitudinem pedum XL; si portae ibi datae fuerint, L pedes accipiet, et cognominatur etiam quintana causa copiarum.

18 Quaestor*i*um dicitur quod aliquando quaestores ibi pedaturam acceperint; quod est supra praetorium in rigore portae qua*e* ⟨a⟩ cohortibus decimis ibi tendentibus decimana est appellata. Quaestorium minor*e* esse debet latitudine quam praetorium, ut strigae sta*torum* posticum praetorii proxim*ae* sint. In quo maxime legati hostium et

16 sesquiplicarii *Salm.*[2] : sesquinpli- *A* ‖ sic *A*[3] : si *A*[1] ‖ ala quingenaria *Sch.* : a.l.ad *A* ‖ equos *Sch.* : quos *A* ‖ mille efficitur ut *ego* : mille deficitur *A* nihil deficit ut *af Ursin et Dom.* ‖ pedaturam *Sch.* : pedut- *A.*

17 ad *Rutg.* : et *A* ‖ retenturam *Sch.* : repentina *A* ‖ uia *Sch.* : uiae *A* ‖ quae *Rutg.* : qua *A* ‖ praetorio *Rutg. dubitanter* : -ria *A* ‖ portae quintanae *Dom.* : portameaquartae *A* ‖ debet *Sch.* : -bent *A* ‖ quintana *Rutg.* : -nam *A* ‖ causa *Rutg.* : -sam *A.*

18 quaestorium *Pont.* : -rum *A* ‖ rigore *Lips.*[1] : -rae *A* ‖ quae a *Lips.*[1] : qua *A* ‖ minore *Lange* : -nor *A* ‖ latitudine *Pont.* : -nem *A* ‖ statorum *Lange* : stad. *A* ‖ posticum *Lange* : -cium *A* ‖ proximae *Sch.* : -mi *A.*

et les otages ; si l'on fait du butin, on le place dans le *quaestorium*[1].

19 Sur les côtés de ce dernier doivent camper, près de la voie quintane, les centuries de gendarmes pour protéger l'arrière du prétoire et être tout près de celui-ci[2] ; nous leur assignerons un emplacement double, parce qu'ils utilisent les mêmes tentes que les cohortes prétoriennes. Au-dessus de ceux-ci, on devra placer, selon la grandeur de la bande, une cohorte de 500 hommes, à pied ou montée[3]. Dans les autres bandes, les cohortes à pied ou montées devront regarder vers la voie quintane[4] ; les alliés et le reste des peuplades devront camper au-dessus d'elles ; ainsi les peuplades seront entourées de toute part, comme je l'ai écrit plus haut[5].

20 Pour la voie de couverture, 30 pieds suffiront ; s'il y a 5 légions, elle devra recevoir 40 pieds de largeur[6]. Les bureaux des cohortes premières où l'on donne les consignes des légions doivent être placés dans le *scamnum* des légats, en face de l'aigle[7].

21 Le camp, autant que possible, devra être implanté dans un rapport de deux sur trois, pour que le souffle du vent rafraîchisse l'armée. Voici ce que j'en-

1. Cf. comm. § 67.
2. Cf. comm. §§ 43, 69.
3. Cf. comm. § 120.
4. Cf. comm. § 75.
5. Cf. comm. §§ 76-78, 138-142.
6. Cf. comm. § 10.
7. Cf. comm. § 59.

obsides; et si qua praeda facta fuerit, in quaestorio ponitur.

19 Lateribus eiusdem tendere debe*nt* ad uiam quintanam centuriae statorum ut posticum praetorii *t*ueantur et proximi sin*t* praetor*ium*; quibus duplam pedaturam adsigna*b*imus quod eisdem ten*t*or*i*is utantur quibus cohortes praetoriae. Super quos cohors peditata quingenaria uel equitata, prout strigae magnitudo fuerit, poni debebit. Et per reliquas strigas cohort*es* peditatae uel equitatae ad uiam quintanam spectare debebunt; *e*t super s*y*m*m*ac*h*ar*ii* et reliqu*ae* nationes tendere debebunt; et ita fiet ut omni parte nationes, *ut* supra scri*p*t*um*, contineantur.

20 *Vi*ae *s*agulariae XXX pedes sufficie*nt*; ⟨si⟩ quinque legiones fuerint, XL pedes latitudin*i*s accipere debeb*i*t. Scholae cohorti*bu*s primis, ubi munera legionum dicuntur, in sca*mno* legatorum contra aquilam dari debe*nt*.

21 Castra, in quantum fieri potuerit, tertiata esse debebunt, ut flatus aurae *ae*stus exercitus leniat. H*o*c dixi tertia*ta*, utputa longum pedes

18 quaestorio *A corr. mg.* : -tione *A*.

19 tendere *A*pc : den- *A*ac || debent *Sch.* : -bet *A* || posticum *Lips.*[1] : -cium *A* || tueantur *A corr. mg.* : uean- *A* || sint *Salm.*[2] : sin *A* || praetorium *Hartel teste Dom.* : -res *A* || adsignabimus *Lange* : -auimus *A* || tentoriis *Pont.* : tensoris *A* || cohortes *Rutg.* : -ti *A* || et *Sch.*: ut *A* || symmacharii *Mom.* : sumactares *A* || reliquae *Sch.* : -qui *A* || ut *Mom.* : et *A* || scriptum *Mom.* : -ibtas *A*.

20 uiae sagulariae *Sch.* : quae ang- *A* || sufficient *Sch.* : -ciet *A* || si *add. Sch.* || latitudinis *Sch.* : -nes *A* || debebit *Lange* : -bunt *A* || cohortibus *Sch.* : -tis *A* || legionum *add. A*[1] *s. l.* || scamno *Sch.* : iscannium *A* || debent *Sch.* : -bet *A*.

21 aurae aestus *Sch.* : auraestus *A* || leniat *Sch.* : laen- *A* || hoc *A*[2] : hc *A*[1] || tertiata *Sch.* : -tia *A*.

tends par « dans un rapport de deux sur trois » : par exemple 2400 pieds de long et 1600 pieds de large. S'il est plus long, on utilisera la trompette, mais, en cas d'une attaque soudaine, il ne serait pas aisé d'entendre le cor à la porte décumane ; s'il est plus large, la forme délimitée est très proche du carré[1].

22 En ce qui concerne l'indispensable, nous l'avons donné avec, je pense, assez de soin et si quelques explications sont encore indispensables, je les donnerai en leur lieu. En outre, je ne veux pas avoir l'air de passer sous silence la fortification du camp, le choix du terrain dans l'établissement des mesures, l'art d'éviter les positions défavorables : aussi les exposerai-je brièvement dans la dernière partie.

23 Pour l'instant, il faut que je montre comment on doit commencer les mesures et que nous passions en revue les unités qui figurent dans le plan que nous avons organisé. Nous rappellerons donc où chacune doit camper. Dans les côtés du prétoire, les cohortes prétoriennes et les cavaliers prétoriens, les cavaliers d'élite de l'empereur, les ailes milliaires ou de 500 hommes ; si l'emplacement le permet, les vexillaires et les secondes cohortes ou les cohortes à pied de 500 hommes au-dessus des cohortes premières[2].

24 Dans la prétenture campent les ailes milliaires ou de 500 hommes, les cavaliers maures, les chasseurs pannoniens[3] ; tous les soldats de marine campent dans

1. Cf. comm. §§ 1-2.
2. Cf. comm. § 104.
3. Cf. comm. §§ 52-55, 143, et pour les *ueredarii* § 130.

ĪICCCC, latum pedes MDC. Si longiora fueri*nt*, classica dicentur ne*c* bucinum in tumultu ad portam decima*n*am facile potuerit exaudiri; si latior*a* fuerint, proxime quadratura*m* sequens est dictatio.

22 Quantum attinet ad ea quae sunt necessaria, satis, puto, diligenter rettulimus, et si qu*ae* rationes a*d*huc fuerint necessariae, suo referam loco. Praeterea munitionem castrorum et soli *e*lectionem ⟨in⟩ statuenda metatione ⟨et⟩ *ar*tem iniquitates loco*rum* uitandi ne praeterisse uidear, breuiter in parte ima exponam.

23 Interim ostendam inceptationem metation*i*s et numero*s* composita*e* formae recognoscamus. Admone*b*imus itaque quis ubi tendere debeat. Lateribus praetorii cohortes praetoriae *et* equites praetoriani, equites singulares imperator*i*s, alae miliariae uel quingenariae; si pedatura permiserit, uexillarii et cohortes secundae uel [quinquaginta] peditatae quingenariae super cohortes prima*s*.

24 Praetendunt alae miliariae uel quingenariae, Mau*ri* equites, Pannonii uer*eda*ri*i*; classici omnes

21 fuerint *Sch.* : -rit *A* || nec *Lange* : ne *A* || tumultu *Sch.* : -tum *A* || decimanam *Pont.* : -mamdam *A* || latiora *Sch.* : latior *A* || proxime *Lange ex recc.* : -mae *A* || quadraturam *Lange* : -rae *A*.

22 quae *Sch.* : que *A* || adhuc *Sch.* : ath- *A* || electionem *Sch.* : lect- *A* || in *add. Sch.* || statuenda metatione *Sch.* : statuendā etationem *A* || et *add. Sch.* || artem *Sch.* : item *A* || locorum *Sch.* : loco *A* || uitandi *Sch.* : uitian- *A*.

23 ostendam *Sch.* : hos- *A* || metationis *Sch.* : -nes *A* || numeros *Sch.* : -ro *A* || compositae *Sch.* : -ta *A* || admonebimus *Sch.* : -neuimus A^{pc} -nemus A^{ac} || et *Gem.* : ad *A* || imperatoris *Sch.* : -res *A* || alae *Sch.* : aliae *A* || pedatura *Sch.* : -ram *A* || permiserit *Sch.* : -rint *A* || quinquaginta *del. Sch.* || primas *Sch.* : -mae *A*.

24 praetendunt A^{pc} : praehen- A^{ac} || mauri A^{2} : maun A^{1} || ueredarii *Rutg.* : uerari *A*.

la prétenture parce qu'ils sont les premiers à sortir du camp pour construire les routes[1]; pour assurer leur sécurité, on les fait protéger, pendant leur travail, par les cavaliers maures et les chasseurs pannoniens; doivent camper immédiatement à côté des cohortes premières les vexillaires; de même les éclaireurs doivent camper dans la bande de la cohorte première[2].

25 Dans la rétenture campent les cohortes montées milliaires ou de 500 hommes, dont j'ai indiqué plus bas l'organisation. Chaque soldat provincial reçoit comme emplacement ⟨une longueur⟩ d'un pied plus un cinquième de cette mesure sur toute la largeur de la demi-bande, le cavalier reçoit, lui, deux pieds et demi plus un cinquième de cette mesure[3]. Donc, quand nous avons eu connaissance des unités, pour calculer l'espace nécessaire à la rétenture, nous transformons les cohortes montées en un effectif de fantassins, pour assigner plus facilement aux cavaliers leur emplacement avec leurs cohortes.

26 Ainsi la cohorte montée milliaire comporte 240 cavaliers, que je transforme en fantassins, en procédant de la même manière que pour transformer un pied, — ce que reçoit le soldat —, en deux pieds et demi, — ce que reçoit le cavalier : soit en posant la moitié du chiffre et en la multipliant par cinq[4]. Nous procéderons ainsi pour l'effectif des cavaliers ; soit 120, nous multiplierons par cinq, soit 600. Vient s'ajouter, dans cette cohorte milliaire, une fois ôtés les cavaliers, le reste de fantassins, 760; soit, avec le chiffre précédent, 1360. Nous nous souviendrons donc, dans le calcul pour la cohorte montée milliaire, que l'on doit lui donner un emplacement pour 1360 hommes.

1. Cf. comm. § 56.
2. Cf. comm. § 57.
3. Cf. comm. §§ 17, 26-27.
4. Cf. comm. § 17.

ideo praetendunt quod ad uias muniendas primi exeunt et quo sint tutiores, a Mauris equitibus et Pannon*iis* *u*er*e*dar*ii*s operantes proteguntur; qui a cohortibus primi*s* proximi tendere debent, uexillarii legionum; item exploratores in striga cohort*is* primae.

25 Retendunt cohortes equitatae miliariae uel quingenariae, quarum ratione*s* subieci. Omn*is* miles prouincialis accipit pedaturam pedem adiecta quinta per totam latitudinem *h*emistri*gi*i, e*que*s autem du*o* semis adiect*a* quinta. Nunc quotiens numeros acceperimus, ut retenturam computemus, cohor*te*s equitata*s* ad numerum peditum redigimus ut equitibus cum cohortibus suis pedaturam facilius adsign*e*mus.

26 Habet itaque cohors equitata miliaria equites CCXL, quod redigo ad peditem, ut pedem, quod accipit mile*s*, redigo ad duo semis, quod accipit eques : fit, dimidia sumpta, ductum quinquies. Sic tracta*b*imus numerum equitum; fit CXX, ducemus quinquies : fit DC. Acc*e*d*it* ex e*a* cohorte miliaria, detr*ac*tis equitibus, reliquid ped*itum* DCCLX; fit cum superiore mille CCCLX. Meminerimus itaque ad computatione*m* cohortis equitatae miliariae pedaturam ad MCCCLX dari debeat.

24 pannoniis *Salm.*[2] : -ones *A* || ueredariis *Rutg.* : beridaris *A* || primis *Sch.* : -mi *A* || cohortis *Sch.* : -tes *A*.

25 retendunt *Sch.* : praet- *A* || rationes *Sch.* : -ne *A* || subieci *Lange* : -cti *A* || omnis *Rutg.* : -nes *A* || hemistrigii *Rutg.* : aemistrici *A* || eques *Rutg.* : aeq.si *A* || duo *Rutg.* : dua *A* || adiecta *Rutg.* : -cti *A* || quinta A^{pc} : quiita A^{ac} || retenturam *Sch.* : -enituram *A* || cohortes equitatas *Sch.* : -ors -tata *A* || ad A^{pc} : a A^{ac} || adsignemus *Scriv.* : -nimus *A*.

26 habet *Sch.* : hiiha- *A* || miles *Sch.* : -lex *A* || tractabimus *Sch.* : -auimus *A* || accedit *ego* : -cidit *A* || ea cohorte miliaria *Sch.* : eo -tem -riam *A* || detractis *Sch.* : -tritis *A* || peditum *ego* : -des *A* || computationem *Sch.* : -ne *A*.

27 La cohorte montée de 500 hommes a la même organisation, à effectif de moitié moindre, que la cohorte milliaire. Ainsi la cohorte montée milliaire comporte 10 centuries de fantassins, 240 cavaliers, 6 turmes et 6 décurions ; ils campent sous 136 tentes et dans ce nombre, les centurions et les décurions en utilisent chacun une. La cohorte montée de 500 hommes comporte 6 centuries ; pour le reste, elle est de moitié moindre[1].

28 La cohorte à pied milliaire comporte 10 centuries, elle campe sous 100 tentes et dans ce nombre, les centurions en utilisent chacun une[2]. De même, la cohorte à pied de 500 hommes comporte 6 centuries et pour le reste, elle est organisée comme ci-dessus[3].

29 Les peuplades, — Cantabres, Gétules[4], Palmyréniens, Daces, Brittons —, les centuries de gendarmes et tous les autres alliés éventuels[5], nous les plaçons dans la rétenture. Aux chameaux avec leurs conducteurs, nous assignerons, à chacun, 5 pieds ; ils devront camper, s'ils doivent participer aux combats, dans la prétenture à côté des soldats de marine ; s'ils sont là pour porter le butin, ils devront camper à l'intérieur du *quaestorium*[6].

1. Cf. comm. §§ 70-74.
2. Cf. comm. § 27.
3. Cf. comm. § 75.
4. Cf. comm. § 79.
5. Cf. comm. § 77.
6. Cf. comm. §§ 68, 123, 131.

27 Cohors equitata *quingenaria* in dimidio eandem rationem continet qu*am* cohors ⟨miliaria⟩. Habet itaque cohors equitata miliaria *centurias* X *ped*itum*, *equites CCXL, turmas, decuriones ⟨VI⟩ ; tendunt papilionibus CXXXVI, ex eo *centuriones* et decuriones singulis papilionibus utuntur. Cohors equitata qui*n*genaria habet *centurias* VI, reliqua pro parte dimidia.

28 Cohors peditata miliaria habet *centurias* X, tendi*t* papilionibus C, ex eis *centuriones* singulis. Item peditata quingenaria habet *centurias* VI, reliqua ut supra.

29 Nationes, — Cantabri, Get*ul*i, Pa*l*myren*i*, Daci, Brittones —, *centurias* statorum et si quid aliud datum fuerit in exercit*u* s*y*mmac*h*ariorum, ⟨in⟩ retentura ponimus. Camel*i*s cum suis e*pi**b*atis singulis pedes V adsigna*b*imus. Tendere debebunt, si in hostem exituri erunt, in praetentura iuxta classicos, si ad praedam portand*a*m praesto erunt, in*tr*a quaestorium tendere debebunt.

27 quingenaria *Sch.* : ad *A* || quam *Sch.* : quod *A* || miliaria *add. Sch.* || habet A^{pc} : -beat A^{ac} || centurias *Sch.* : **77** *A* || peditum *Gem.* : ped̸ *A* || ped̸ *post* equites *habet A, huc transt. Gem.* || VI *add. Durry* || centuriones *Sch.* : **77** *A* || quingenaria *Scriv.* : quige- *A* || centurias *Sch.* : **77** *A*.

28 centurias *Sch.* : **77** *A* || tendit *Sch.* : ten:di *A* || centuriones *Sch.* : **77** *A* || centurias *Sch.* : **77** *A*.

29 getuli *Mom.* : getati *A* || palmyreni *Rutg.* : parmyrent *A* || centurias *Lange* : **77** *A* || exercitu *Sch.* : -to *A* || symmachariorum *Mom.* : summamclariorum A^{pc} summamclarificum A^{ac} || in *add. Sch.* || retentura *Sch.* : -ntatura *A* || camelis *Sch.* : -millos *A* || epibatis *Sch.* : ebimmatis *A* || adsignabimus *Sch.* : -auimus *A* || praetentura *Sch.* : -ram *A* || classicos *Sch.* : -iquos *A* || portandam *Rutg.* : -ndum A^{pc} -ntum A^{ac} || intra *af Ursin* : induam A^{pc} indum A^{ac}.

30 Si par exemple on donne les unités indiquées ci-dessous, nous les décompterons de cette manière : 3 légions ; 1600 vexillaires ; 4 cohortes prétoriennes ; 400 cavaliers prétoriens ; 450 cavaliers d'élite de l'empereur ; 4 ailes milliaires[1], 5 de 500 hommes ; 600 cavaliers maures ; 800 chasseurs pannoniens ; 500 soldats de la flotte de Misène, 800 de la flotte de Ravenne ; 200 éclaireurs ; 2 cohortes montées milliaires, 4 de 500 hommes ; 3 cohortes à pied milliaires, 3 de 500 hommes ; 500 Palmyréniens, 900 Gétules, 700 Daces, 500 Brittons, 700 Cantabres ; 2 centuries de gendarmes.

31 Nous devons toujours, après avoir eu connaissance des unités, faire le calcul pour la rétenture[2], pour savoir combien il y aura de demi-bandes dans la rétenture. Soit donc un effectif qui campe dans la rétenture de 13640. Je prends la moitié, puisqu'ils campent en nombre égal de chaque côté[3], soit 6820. Organisons alors le côté du prétoire et faisons le calcul pour la prétenture, comme nous l'avons fait pour la rétenture, pour savoir, en ce qui concerne les cohortes légionnaires, ce que nous devons donner pour le fond et pour les enseignes.

32 Nous devrons ainsi veiller à ce que, quand on

1. Cf. comm. §§ 123, 137.
2. Cf. comm. § 99.
3. Cf. comm. § 8.

30 Dat*o*s itaque numer*os*, qui infra scripti sunt, sic computa*b*imus : legiones III ; uexillarii MDC ; cohor*tes* praetoria*e* IIII ; equites praetor*iani* CCCC ; equit*es* singul*ares* i*m*per*atoris* CCCCL ; alae miliariae IIII, quingenariae V ; Mauri equites DC ; Pannonii *u*ere*d*ari*i* DCCC ; classici M*i*s*e*na*tes* D, Rauennat*es* DCCC ; exploratores CC ; co*hortes* equitat*ae* mil*iariae* II, quingenariae IIII ; cohor*tes* peditatae mil*iariae* III, [miliariae] quingenariae III ; Pa*l*myren*i* D, Get*u*l*i* DCCCC, Daci DCC, Brittones D, Ca*n*tabri DCC ; *centuriae* statorum II.

31 Semper numer*i*s acceptis retentura*m* computare debemus, ut sciamus quo*t* *h*emistri*gia* [indemestria] in retentura nascantur. Nunc fit numerus qui retendit $\overline{\text{XIIII}}$DCXL. Sumo partem dimidiam, ideo quod a paribus tenda*n*t [nascantur] ; fit $\overline{\text{VII}}$DCCCXX. Nunc latus praetorii componamus *et* *pr*a*e*tentura*m* similiter computemus, si*c*ut retenturam fecimus ut sciamus cohortibus legionnariis quid tabulino uel sign*is* dare debeamus.

32 Obseruare itaque debebimus ut, quotiens

30 datos ... numeros *Sch.* : -tus ... -rus *A* || computabimus *Scriv.* : -auimus *A* || cohortes praetoriae *Salm.*^{2} : -ors -ria *A* || praetoriani *Sch.* : -res *A* || equites — imperatoris *Sch.* : aequitatum insinguli inped *A* || mauri *A*^{pc} : mari *A*^{ac} || ueredarii *Rutg.* : beridari *A* || misenates *Lange* : mesinaci *A* || rauennates *Sch.* : -tis *A* || cohortes — miliariae *Sch.* : co.aequitat.mil *A* || cohortes *Sch.* : -ors *A* || miliariae *Sch.* : mil *A* || miliariae *del. Sch.* || palmyreni *Rutg.* : parmyrent *A* || getuli *Mom.* : getati *A* || cantabri *Rutg.* : caut- *A* || centuriae *Sch.* : 77 *A*.

31 numeris *Sch.* : -ros *A* || retenturam *Lange* : praetentura *A* || quot *Rutg.* : quod *A* || hemistrigia *Rutg.* : emistria *A* || indemestria *del. A*^{1} || retentura *Sch.* : -ram *A* || ideo *A*^{pc} : ide *A*^{ac} || paribus *Lange* : patri- *A* || tendant *Lange* : -dat *A* || nascantur *del. Lange* || et *Sch.* : si *A* || praetenturam *Sch.* : retentura *A* || sicut *Sch.* : siut *A* || signis *Dom.* : -no *A*.

recevra trois légions avec les troupes de renfort, la moitié du camp ait 720 pieds de largeur et à assigner aux cohortes, sur les côtés du camp, 90 pieds de fond et 240 pieds d'enseignes : ainsi, déduction faite du fond des cohortes et de la largeur de la voie de couverture, il restera 600 pieds, pour que les ailes milliaires campent dans la prétenture sur une surface réglementaire[1]. Pour maintenant déterminer l'occupation des 600 pieds restants, nous remplissons un côté du prétoire[2], pour savoir combien d'ailes camperont dans la prétenture.

33 Sur le côté du prétoire, sont occupés pour l'effectif des soldats 420 pieds, pour le prétoire 60 pieds[3], pour le piquet de garde 20 pieds, pour les compagnons de l'empereur 60 pieds, pour les voies 40 pieds ; telle sera, approximativement, la répartition du terrain dans cette largeur : soit 600 pieds[4].

34 Maintenant, pour organiser la prétenture, calculons l'effectif des cavaliers d'aile restant. Soit 4000 et, pour la moitié, 2000. Une aile milliaire doit recevoir 150 pieds pour les enseignes, 600 pieds pour le fond. Selon cette organisation, 150 pieds constituent 5 demi-bandes. Un cavalier reçoit 3 pieds sur la longueur de 600 pieds[5] : j'en prends le tiers pour avoir l'effectif des cavaliers qui campera sur cette longueur : soit 200 ; ce sera le chiffre pour une demi-bande ; et maintenant

1. Cf. comm. § 100.
2. Cf. comm. § 8.
3. Cf. comm. § 7.
4. Cf. comm. §§ 8, 101-105.
5. Cf. comm. § 63.

tres legiones cum supplementis acceptae fuerint, dimidia pars castrorum DCCXX pedes latitudinis habeat et lateribus castrorum cohortibus tabulino XC, signis CCXL pedes adsignemus ut deducto tabulino cohortium et latitudine uiae sagularis, reliqui DC [centum] pedes supersint, ut alae miliariae in p*raeten*tura ad pedem tendant. Vt nunc statuamus reliquos pedes [statuamus] DC, exple*mus* latus unum praetori*i* ut sciamus quo*t* alae in praetentura tensurae s*i*nt.

33 Occupantur numero militum latere praetorii pedes *C*CCCXX, praetori*o* pedes LX, stationi pedes XX, com*itibus* pedes LX, in uias pedes *X*L ; quod fere i*n* hac latitudine ita fuerit dispositio : fiunt DC *pedes*.

34 Nunc praetenturam *ut* componamus, numerum eq*uitum* alarium qui sunt reliqui computemus. Fiunt $\overline{\text{IIII}}$, part*i*s dimidia*e* $\overline{\text{II}}$. Accipere debet ala miliaria signis pedes CL, tabulino pedes DC. *H*ac ratione pedes CL efficiunt *h*emistri*gia* ⟨V⟩. Acc*i*pit eques III *ped*es in longitudin*e* pedum DC ; sumo partem tertiam ut habea*m* equit*um* numerum qui in e*a* longitudine tendet : fit CC ; erit *h*emistri*gi*i

32 latitudine *Rutg.* : -nem *A* || centum *del.* *A*[1] || praetentura *Lange* : pedituram *A* || statuamus *del.* *A*[2] || explemus *Gem.* : -limus *A* || praetorii *Sch.* : -ris *A* || quot *Sch.* : quod *A* || praetentura *Sch.* : -ram *A* || sint *Sch.* : sunt *A*.

33 CCCCXX *Sch.* : CCCXX *A* || praetorio *Salm.*[2] : -rii *A* || comitibus *Salm.*[2] : communi *A* || XL *Salm.*[2] : L *A* || in hac *A*[2] : ihac *A*[1] || latitudine *Lange ex recc.* : -nem *A* || pedes *Sch.* : 77 *A*.

34 ut *Sch.* : id *A* || equitum *Rutg.* : aeq. *A* || partis dimidiae *Sch.* : -tes -dia *A* || debet *Sch.* : -bent *A* || hac *Sch.* : ac *A* || hemistrigia *Rutg.* : emistricio *A* || V *add. Sch.* || eques *Sch.* : aequites *A* || accipit *Sch.* : acce- *A* || III *Sch.* : $\overline{\text{III}}$ *A* || pedes *Sch.* : sed *A* || longitudine *Sch.* : -nis *A* || habeam *Sch.* : -ant *A* || equitum *Sch.* : -tes *A* || ea *Sch.* : eo *A* || longitudine *Sch.* : -nem *A* || hemistrigii *Rutg.* : mistrici *A*.

nous comptons 5 demi-bandes : 5 fois 200, soit 1000[1] : c'est bien l'emplacement pour une aile milliaire[2].

35 Calculons maintenant l'effectif restant, comme pour la rétenture, pour savoir de même combien de demi-bandes se formeront. Soit, avec l'emplacement de l'infirmerie, de l'infirmerie pour bêtes de somme et de l'atelier, qui sont comptés ensemble pour 600 hommes[3], un effectif de 8000 hommes. Nous en prenons la moitié : soit 4000 : ce sera le chiffre pour la moitié ⟨du camp⟩ ; elle est de 600 pieds de longueur, ce qui permettra de recevoir 500 hommes. Comme nous l'avons dit, un fantassin reçoit un pied plus un cinquième : il n'y a donc aucune différence entre ajouter à l'effectif que nous avons calculé un cinquième et retrancher un sixième à la longueur, dans notre cas 600 pieds[4]. Il reste 500 : c'est le nombre d'hommes que recevra une demi-bande[5].

36 Mais nous avons un effectif de 4000[6]; nous voyons combien de fois j'ai 500 : c'est 8 fois ; se forment donc autant de demi-bandes. Soit 240 pieds, auxquels s'ajoutent les 300 pieds que nous avons comptés plus haut pour les cavaliers des ailes : soit en tout 540. Il pourra y avoir les emplacements pour 3 cohortes, qui font 720 pieds, desquels se retranche ce qu'occupe l'effectif de la troupe, 540 pieds : il reste 180 pieds, où il y aura 6 demi-bandes. Or de même qu'on crée une

1. Cf. comm. § 60.
2. Cf. comm. §§ 8, 108-112.
3. Cf. comm. § 58.
4. Cf. comm. § 102.
5. Cf. comm. §§ 8, 108-112.
6. Cf. comm. § 112.

unius ; et nunc *h*emistri*g*ia d*u*cimus V : quinquies CC fit M : alae mil*iaria*e pedatura.

35 Reliquum autem numerum, sicut retenturam, computemus ut sciamus similiter quo*t* *h*emistri*g*ia nasc*a*ntur. Fit numerus, cum pedatura ualetudinari*i*, ueterinari*i* et fabricae quae in unum ad *DC* homines computantur, $\overline{\text{VIII}}$. Sumimus dimidia*m* : fit $\overline{\text{IIII}}$: hoc erit partis dimidiae ; est DC pedum per longitudinem, quod ⟨D⟩ homines cap*i*et ; *ut* diximus peditem adiectam quintam ad pedem accipere, nihil itaque intersit an ad numerum computatum quintam partem adiciamus, an uero ex longitudine, ut nunc DC pedum, deducamus partem VI. Reliqu*i* quingent*i*, tot homines capiet *h*emistri*g*ium.

36 Sed habemus numerum $\overline{\text{IIII}}$; uidemus quotiens ⟨D⟩ habeo : quod est VIII ; totidem *hemis*-trigia nascuntur. Fit CCXL, et superiores computati alarium pedes CCC ; fit in unum DXL. Pote-r*un*t esse ten*s*urae cohort*ium* III ; faciunt pedes DCCXX, ex quibus decedit quod numerus occupat, pedes *D*XL : reliqui pedes CLXXX quo *VI hemis*-trig*i*a nascuntur. Vt nunc uicinaria u*i*a super cohor-

34 unius *A*pc : unus *A*ac ‖ hemistrigia *Rutg.* : emistricia *A* ‖ ducimus *Grill. ex recc.* : dicimus *A* ‖ alae miliariae pedatura *Sch.* : aliae mille pedaturam *A*.
35 retenturam *Scriv.* : -ntaturam *A* ‖ quot *Rutg.* : quod *A* ‖ hemistrigia *Rutg.* : aemistricia *A* ‖ nascantur *Rutg.* : nascun- *A* ‖ ualetudinarii *Sch.* : -rium *A* ‖ ueterinarii *Sch.* : -rium *A* ‖ DC *af Ursin* : do *A* ‖ $\overline{\text{VIII}}$ *Fab.* : $\overline{\text{VIIII}}$ *A* ‖ dimidiam *Sch.* : -dia *A* ‖ $\overline{\text{IIII}}$ *Fab.* : $\overline{\text{IIII}}$D *A* ‖ D *add. Sch.* ‖ capiet *Sch.* : -pet *A* ‖ ut *ego* : sitq. *A*, sicut *Sch.* ‖ longitudine *Sch.* : -nem *A* ‖ reliqui quingenti *Gem.* : -que -tos *A* ‖ hemistrigium *Rutg.* : aemistricium *A*.
36 D *add. A. Gem.* ‖ hemistrigia *Rutg.* : aestrigia *A* ‖ poterunt *ego* : -rit *A*, *edd.* ‖ tensurae *Sch.* : tentu- *A* tensura *Gem.* ‖ cohortium *Sch.* : -tes *A* ‖ DXL *Sch.* : CCXL *A* ‖ quo *Sch.* : quod *A* ‖ VI hemistrigia *Sch.* : uirestrigas *A* ‖ uia *Sch.* : iuua *A*.

voie de quartier au-dessus de la cohorte première[1], de même, pour la troupe, on en crée 4 de 10 pieds chacune : soit, pour les voies, 60 pieds ; il reste 120 pieds que nous assignerons aux *scamna* des tribuns et des légats, à raison de 60 pieds chacun[2].

37 Mais si le mesureur reçoit mille hommes en sus de l'effectif ainsi organisé, pour qu'une place leur soit attribuée dans le même emplacement, nous ferons ainsi : puisque le chiffre pour la moitié sera évidemment de 500, que recevra une demi-bande, ôtons 10 pieds aux *scamna* et supprimons la voie entre les ailes, qui n'est donnée que lorsque l'emplacement le permet ; soit 30 pieds, ce sera une demi-bande qui recevra les hommes en surplus[3].

38 Mais, à l'inverse, ôtons de même 1000 hommes aux effectifs ainsi organisés : leur emplacement est une bande de 60 pieds. Nous donnerons au *scamnum* des légats 80 pieds, à celui des tribuns 70 pieds et nous replaçons la voie entre les ailes[4].

39 De même pour le côté du prétoire, et pareillement pour la rétenture, s'il y a quelque augmentation ou diminution d'effectif, nous veillerons de même à diminuer ou augmenter le prétoire et l'emplacement des compagnons de l'empereur, ou pareillement le *quaestorium*, tout en conservant les dimensions de la largeur du camp. Il pourra ne pas y avoir de voie, si l'emplace-

1. Cf. comm. § 12.
2. Cf. comm. §§ 8, 108-112.
3. Cf. comm. §§ 8, 108-112.
4. Cf. comm. §§ 8, 108-112.

tem primam, item numero quattuor pedum denum : fit in uias pedes LX ; reliqui pedes CXX, quod *scamnis* tribunorum et legatorum, singulis LX pedes, adsigna*b*imus.

37 Nunc si *me*tator mille homines super numerum compositum ⟨acceperit, ut⟩ in eadem pedatura locus adsignetur, sic faciemus. Quoniam par*tis* dimidiae D esse constat, quos capi*et h*emistri*gium*, deducamus scamnis pedes X et uiam de inter al*as* tollamus, quae tunc datur si pedatura permittet ; fiunt pedes XXX : erit *h*emistrigium, quod D homines postea acceptos recipiet.

38 Nunc e contrario similiter numeris compositis deducamus homines M, quorum est pedatura striga pedum LX. Dabimus scamn*o* legatorum pedes LXXX, tribunorum pedes LXX et uia*m* inter alas reponimus.

39 Item lateri praetorii et retenturae similiter, si quo plus uel minus fuerit, idem obseruabimus ut praetorium et comitum pedaturam, item quaestori*um* minuamus uel ampli*em*us, seruatis portionibus latitudinis. *Vi*ae autem *a*besse poterint, si pedatura s*tric*tior fuerit, inter cohorte*s* praetorias

36 quod *A*^pc : quo *A*^ac || scamnis *Sch.* : simanes *A* || singulis *Sch.* : -li *A* || adsignabimus *Sch.* : -auimus *A*.

37 metator *ego* : dicta- *A* || acceperit ut *add. ego* || eadem pedatura *Sch.* : eandem -ram *A* || partis *Sch.* : -tes *A* || capiet *Lange* : -pite *A* || hemistrigium *Rutg.* : emistricio *A* || alas *Sch.* : balis *A* || hemistrigium *Rutg.* : aemistricium *A*.

38 striga *Grill. ex recc.* : strigea *A* || scamno *Sch.* : -num *A* || uiam *Sch.* : uia *A* || alas *Sch.* : alias *A*.

39 quaestorium *Sch.* : -ri *A* || ampliemus *Sch.* : -lius *A* || uiae *Gem.* : suae *A* || abesse *Sch.* : ubiesse A^1 ubesse *A corr.* || strictior *Sch.* : inscriptior *A* || cohortes *Sch.* : -tem *A*.

ment est trop restreint, entre les cohortes prétoriennes et les ailes de cavalerie, car s'ils respectent la discipline militaire comme je le dis, les soldats se rassembleront en se groupant chacun avec son unité.

40 Dans la rétenture, les soldats ont l'habitude de camper d'une manière plus ou moins serrée, à cinquante hommes près par bande, puisqu'il arrive souvent que les unités changent : ils doivent monter leurs tentes en plus grand nombre que ne le permettraient les bandes créées dans le même emplacement[1]. Et les seules unités que l'on puisse en ôter sont des cohortes à pied de 500 hommes pour les placer au-dessus des cohortes premières[2] ; s'ils sont encore trop nombreux, mais insuffisamment pour remplir une bande, il faudra, comme je l'ai dit, qu'ils campent d'une manière plus serrée dans les autres bandes. De même, on fait en sorte qu'ils campent d'une manière plus étendue chaque fois que l'effectif restant le permet, pour que l'organisation générale des mesures ne soit pas bouleversée. Pour qu'ils campent dans les bandes de la rétenture à effectif égal de part et d'autre, il est bon que l'effectif de la rétenture ait été calculé, comme dans la prétenture.

41 Si l'on donne encore plus ou encore moins de troupes de renfort que dans notre exemple, tout sera changé et les cohortes camperont autrement autour du rempart.

42 Mais nous avons dit que l'effectif pour la moitié de la rétenture est de 6820[3]. Puisque la largeur est de 600 pieds, je regarde combien il pourrait y avoir de demi-bandes ; dans le cas présent, il y en aura 17

1. Cf. comm. §§ 74, 99.
2. Cf. comm. § 75.
3. Cf. comm. § 8.

et alas equitum, ideo quod, disciplinam militarem *si obseruent ita ⟨ut⟩ dico, *ad su*u*m quisque numerum coniuncti conuenient.

40 Et in retentura qui solent et qu*in*quagen*is* hominibus per strigas strictius seu laxius tende*re*, quoniam saepe numer*os* euenit com*m*utar*i*, ten*s*ura*m* amplius efficiant quam strigae in eandem pedaturam incurrent. Nec plus ex eis deduci debet quam peditatae quingenariae super cohortes primas, et si amplius supersunt ut nec strigam expleant, necesse erit per reliquas strigas, ut dixi, artius tendant. Similiter ut laxius tendant efficitur, quotiens reliquus numerus conue*n*it, ne totius metationis ordo turbetur. *V*t retentura*e* per strigas aequali numero [laxius] tend*a*nt, retenturae numerum computatum, ut in praetentura, conuenit.

41 Quodsi adhuc amplius seu minus quam ostendimus suppl*e*menta da*ta* fuissent, omni*a* immutabuntur et cohortes circa uallum aliter tende*nt*.

42 Nunc retenturae diximus partis dimidiae numerum $\overline{VI}$DCCCXX. Quoniam est latitudo DC ⟨pedum⟩, uideo quo*t* *h*emistrigia esse possint ; ut nunc, er*un*t decem ⟨et⟩ septe*m*, et quaestorio peda-

39 alas *Sch.* : alias *A* || si obseruent — dico *post* conuenient *habet A, huc ego transt.* || ut *add. Sch.* || suum *Sch.* : sum *A.*

40 retentura *Sch.* : -ntaturam A^{pc} -nturam A^{ac} || quinquagenis *Lange* : quemquamgenus *A* || tendere *Sch.* : tende *A* || numeros *Sch.* : -rus *A* || commutari *Sch.* : computare *A* || tensuram *Dom.* : tentura *A* || conuenit *Sch.* : -uertit *A* || ne *Sch.* : nec *A* || ut *Sch.* : et *A* || retenturae *Sch.* : -ras *A* || laxius *del. ego* || tendant *ego* : -dunt *A* || conuenit *ego* : conuenirent *A.*

41 supplementa data *Lange* : -plimentanda *A* || omnia A^2 : omni A^1 || tendent *Sch.* : -dere *A.*

42 $\overline{VI}$ *Sch.* : DC *A* || pedum *add. Lange* || quot *Sch.* : quod *A* || hemistrigia *Rutg.* : aem- *A* || erunt *Sch.* : erit *A* || et *add. Sch.* || septem *Sch.* : -ties *A.*

et on pourra donner au *quaestorium* un emplacement suffisant. Je prends donc la dix-septième partie de l'effectif, chiffre qui est, nous l'avons dit, le nombre des demi-bandes ; soit 400 : ce sera l'effectif des soldats. Ils devront camper sur la longueur d'une demi-bande, avec adjonction à ce chiffre du cinquième, qui est 80 pieds : soit 480 pieds, d'où il s'ensuit que deux cohortes campent sur le côté de la rétenture[1].

43 Quand nous répartirons les alliés et les autres peuplades dans les bandes, ils ne devront pas être divisés en plus de trois groupes, à peu de distance les uns des autres, pour que les ordres leur soient communiqués oralement, dans leur propre langue[2]. Nous veillerons à donner aux enseignes de la première bande la même longueur qu'à celles de la cohorte première, pour que les voies de quartier puissent traverser le camp[3].

44 Il y aura donc sur les côtés 16 cohortes ; en avant de la prétenture campent six, en arrière de la rétenture quatre cohortes, ces dernières ayant chacune un emplacement de soixante pieds sur 360 ; les quatre cohortes restantes campent en-deçà de la voie de couverture[4].

45 Autant que j'ai pu, Seigneur frère[5], eu égard à mon inexpérience, j'ai suivi brièvement tous les bons auteurs en la matière, et tout ce qu'ils ont établi touchant à l'organisation d'un camp d'été, avant de passer à l'établissement des unités, je l'ai montré claire-

1. Cf. comm. § 117.
2. Cf. comm. §§ 76-78.
3. Cf. comm. § 11.
4. Cf. comm. §§ 107, 113-115.
5. Cf. comm. § 135.

tura sufficie*ns* dari poss*it*. Sumo itaque numeri partem XVI*I*, quo*t* *h*emistrigia esse diximus; fit CCCC : erit numerus militum. Tendere debebunt per *h*emistrigium unum, adiecta quinta pedum LXXX : fiunt pedes CCCC*LXXX*, unde efficitur ⟨ut⟩ duae cohortes latere retenturae tendant.

43 S*y*mmac*h*ari*o*s et reliquas nationes quotiens per strigas distribuimus, non plus quam tripertiti esse debebunt ne*c* longe abalterutrum ut ui*u*a tessera suo uocabulo citation*e*s aud*i*ant. Obseruabimus primae strigae signis idem adsignari quod cohor*ti* primae, ut uiae uic*i*nariae percurrant.

44 Er*u*nt itaque lateribus cohor*te*s XVI; praetenden*t* se*x*, retendent quattuor *cohortes* et singulae sexaginta per CCCLX; reliqu*ae* quattuor *cohortes* intra uiam sagularem.

45 In quantum potui, domine frater, pro t*i*rocinio meo in breui omnes auctores sum persecutus e*t* quidquid circa compositionem castrorum aestiualium instituerunt, in hoc libello, priusquam numero*s* institueré*m*, sub rationem omnia declaraui.

42 sufficiens *Sch.* : -cies *A* || possit *Sch.* : -set *A* || sumo *Sch.* : summo *A* || XVII *Sch.* : XVI *A* || quot *Sch.* : quod *A* || hemistrigia *Rutg.* : aem- *A* || hemistrigium *Rutg.* : aem- *A* || quinta *Sch.* : -tam *A* || CCCCLXXX *Sch.* : CCCCXX *A* || ut *add. Sch.*

43 symmacharios *Mom.* : summa.c.terias *A* || nec *Sch.* : ne *A* || uiua *Hartel teste Dom.* : uinam *A* || citationes *Sch.* : -nis *A* || audiant *Sch.* : audeant A^{pc} habeant A^{ac} || cohorti *Sch.* : -ors *A* || uiae A^{pc} : ui A^{ac} || uicinariae *Sch.* : uicenariae A^{pc} uicenaria A^{ac}.

44 erunt *Sch.* : erint *A* || cohortes *Sch.* : -ors *A* || praetendent sex *Fab.* : -denset *A* || cohortes *Fab.* : milia *A* || reliquae *Fab.* : -qui *A* || cohortes *Fab.* : milia *A*.

45 tirocinio *Sch.* : tyr- *A* || et *Pont.* : sed *A* || numeros *Sch.* : -ro *A* || instituerem *Sch.* : -re *A*.

ment dans ce livre, en le faisant rentrer dans un système logique. Mais les instructions à suivre lorsque l'on commence toute mesure, aucun auteur ne les a, à ce jour, indiquées par écrit : j'espère donc que le soin que nous avons mis à cela t'agréera comme il le mérite.

46 Nous avons donc montré la manière de camper propre à chaque corps et placé l'ensemble de l'armée aux endroits qu'il doit occuper ; nous avons montré aussi quelle unité on doit changer de place, si nécessaire[1]. Si des ailes sont placées dans la rétenture, des fantassins ou des cohortes montées dans la prétenture, sans nécessité pressante, cela est assurément signe de l'incapacité du mesureur[2]. On pourra ⟨cependant⟩ faire en sorte de placer, s'il n'y a absolument aucune cohorte montée dans cette armée, les ailes de 500 hommes dans les côtés du *quaestorium*, pour que la rétenture ait de la cavalerie.

47 Car, en ce qui concerne la disposition des légions et la répartition des unités[3], point qui créera des difficultés même à des gens experts dans l'organisation des camps, j'ai recherché et élaboré avec toute l'application possible une méthode de mesure se rapportant au nombre des légions : aussi, si tu daignes la faire appliquer, je serai le premier à avoir proposé à ta grandeur cette nouvelle façon de mesurer qui, je l'espère, t'agréera si tu examines d'abord la façon habituelle de mesurer.

1. Cf. comm. § 21 et n. 1, p. 37.
2. Cf. comm. § 21.
3. Cf. comm. § 135.

Praece*p*ta in omni inceptatione metationi*s* scribend*o* nullus auctor ⟨in⟩ hunc diem ostendit, propter quod spero sollicitudinem nostram digne tibi placituram.

46 Exposuimus itaque sua*s* specie*s* et uniuersum exercitum suis locis constituimus; ostendimus etiam, si necessum fuerit, quis numer*u*s *co*mmutari debeat. Quodsi alae in retentura positae fuerint et pedites ⟨in⟩ praetentura siue cohortes equitatae nulla necessitate cogente, sine dubio metator*i*s imperitiae signum est. Illud plane poterit obseruari ut, si cohortes equitatae in eo exercitu omnino ⟨non⟩ fuerint, *po*n*a*mus alas quingenarias lateribus quaestorii ut retentura equitatum habeat.

47 Nam quod a*d* legiones *dispo*s*i*tas et diuiduos numeros pertinet, quod e*t* peritis compositione difficultates ostendet, met*h*odum metation*i*s a me exquisit*a*m, ad numerum *legionum* pertinentem intento ingenio elaboraui, ut, si dignatus fueris iniungere, nouitatem metationis ad magnitudinem tuam prim*u*s adferam, quae tibi, spero, placebit si primum cottidianam metationem tractabis.

45 praecepta *Dom.* : praecipitia A^1 principitia A^3 || inceptatione *Pont.* : -nem *A* || metationis *Lange* : -nib. *A* || scribendo *Sch.* : -de *A* || auctor *Lange* : -torum *A* || in *add. Zeiss.*

46 suas species *Hartel teste Dom.* : sua -ciae *A* || ostendimus *Sch.* : osost- *A* || numerus *Sch.* : -ros *A* || commutari *Sch.* : tammu- *A* || retentura *Sch.* : -ram *A* || in *add. Sch.* || cogente *Sch.* : -tes *A* || metatoris *Sch.* : -res *A* || exercitu *Sch.* : -tum *A* || non *add. Sch.* || ponamus *Sch.* : ouimus *A.*

47 ad *Sch.* : a *A* || dispositas *Gem.* : astas *A* || diuiduos *ego* : diuisiduos *A* || et *Sch.* : ex *A* || compositione *ego* : -nem *A* || methodum *Sch.* : maeto- *A* || metationis *Sch.* : moetationes *A* || exquisitam *Sch.* : -tum *A* || legionum *Förster* : 77 *A* || pertinentem A^{pc} : -inet A^{ac} || intento *Sch.* : -ntato *A* || primus *Sch.* : -mos *A.*

48 Traitons maintenant brièvement de la fortification du camp et des autres points, que de nombreux auteurs ont déjà traités. On fixe à cinq les manières de fortifier le camp d'été : par un fossé, un rempart, ⟨des cerfs⟩, une levée de terre, des armes.

49 Le fossé, dans une position sûre, ⟨n'est creusé que⟩ pour maintenir la discipline ; il est en forme de faîte ou punique. Il est dit « en forme de faîte » lorsque ses parois, inclinées, se resserrent en partant de la surface et se rejoignent au fond. Il est nommé « punique » lorsque la paroi extérieure suit une ligne verticale ; la paroi opposée est inclinée, comme dans le fossé en forme de faîte. On doit leur donner une largeur d'au moins cinq pieds, une hauteur de trois pieds[1]. A une distance de soixante pieds en avant des portes, on creusera de même un fossé de dimension égale à celle de la porte ; à cause de sa faible longueur, on l'a appelé *titulum*[2].

50 Il faut, dans une position douteuse, élever un rempart, fait en mottes de gazon ou en pierre, rochers ou cailloux. Il suffit d'une largeur de 8 pieds et d'une hauteur de 6 pieds, et l'on ajoute un petit parapet. De même, on élève un rempart, en avant des portes, le long du *titulum*, comme le long des fossés ; pour servir à l'instruction des soldats, il a été appelé « sacré »[3].

1. Cf. comm. § 80.
2. Cf. comm. §§ 81, 93.
3. Cf. comm. §§ 82-84.

48 Nunc munitionem castrorum et reliq*ua* quae plur*es* auctor*es* scri*p*serunt, breuiter perferamus. Munitio *aes*tiualium obseruatur generibus quinq*ue* : fossa, uallo, ⟨ceruolis⟩, ag*ger*e, armis.

49 Fossa loco securiori causa disciplinae, cuius species est fastigata uel punica. Fastigata dicitur quae a summa latitudine lateribus deuexis in angustiam ad *s*olum coniuncta peruenit. Punica dicitur quae later*e* exteriori ad perpendiculum dirigitur ; contrarium deuexum *f*it, quo*mod*o in fa*s*tigata. Quibus latitudo dari debeat ad minimum ped*u*m quinque, altum pedes tres. Regressis pedibus exterius sexaginta per latitudinem portarum similiter fossa fiet, quod pr*op*ter breuitatem titulum cognominatum est.

50 Vallum loco suspectiori extrui debet cespite aut lapide, *sa*xo siue c*ae*mento. Sufficit latu*m* pedes VIII, altum pedes VI et lorica p*arua fit.* Similiter ante porta*s* ad titulu*m*, ut ad fossas, uallum ; causa instructionis sanct*u*m es*t* cognominatum.

48 reliqua *Sch.* : reliq. *A* || plures auctores *Pont.* : -rib. -torib. *A* || scripserunt *Scriv.* : scribs- *A* || munitio *Pont.* : -ionem *A* || aestiualium *Pont.* : extinua- *A* || quinque *Sch.* : quinq. A^{pc} quiq. A^{ac} || ceruolis *add. Sch.* || aggere armis *ego* : agmine agremmis *A* armis aggere *edd. a Sch.*

49 securiori *Sch.* : -ris *A* || causa *Sch.* : -sae *A* || est *add.* A^1 || fastigata A^{pc} : fati- A^{ac} || summa latitudine *Pont.* : -mam -nem *A* || solum *Sch.* : tedo- *A* || peruenit *Pont.* : -niunt *A* || latere *Sch.* : -ri *A* || fit *Sch.* : sit *A* || quomodo *Lange* : quod *A* || fastigata *Sch.* : fati- *A* || pedum *Sch.* : -dem *A* || propter *Rutg.* : praeter *A*.

50 extrui A^{pc} : exrui A^{ac} || saxo *Scriv.* : asxo *A* || caemento *Sch.* : cim- *A* || latum *Sch.* : -tus *A* || parua fit *Sch.* : perzesis *A*, *ut uid.* || portas A^2 : -ta A^1 || ad titulum — uallum *ita disposuit Sch.* : ut titulus ad fossas ad ballum *A* || titulum *Sch.* : -lus *A* || causa *Sch.* : -sae *A* || sanctum *Gem.* : -tam *A* || est *Sch.* : esse *A*.

51 Les cerfs sont des troncs d'arbres avec leurs branches. On y a recours si, de par la nature du sol, trop friable, les mottes de gazon se brisent, si, avec les pierres du site qui peuvent être déplacées, on ne peut pas bâtir un rempart assez épais, si l'on ne peut creuser un fossé sans que ses parois ne s'éboulent[1].

52 Quand les cerfs manquent et que la position est douteuse, on fortifie le camp avec quatre rangs d'armes et dans chaque rang on place des gardes plus rapprochés ; les cavaliers doivent faire le tour du camp à tour de rôle. Si l'on est en pays pacifié, à seule fin de maintenir la discipline, un seul rang d'armes suffit et les gardes sont plus espacés[2].

53 Mais on obtient avec des remblais le même résultat qu'avec un rempart, si l'endroit est rocheux ou sablonneux, parce qu'assurément, une fois le remblai fait, il offre une fortification suffisante au camp[3].

54 Il faut que les angles du camp soient arrondis parce qu'ils forment des saillants et affaiblissent l'ouvrage qui protège les défenseurs. Ils devront être arrondis à partir de l'angle formé par les cohortes qui déterminent ⟨deux⟩ largeurs de soixante pieds pour l'ouvrage, jusqu'au point où la ligne ⟨tracée par le compas⟩ rejoint les lignes extérieures ⟨du rempart⟩ qui déterminent ainsi un quart de cercle[4].

55 De même la clef est tracée en arrondi, à partir

1. Cf. comm. § 86.
2. Cf. comm. § 87.
3. Cf. comm. § 88.
4. Cf. comm. § 89.

51 Ceruoli trunci ramosi. Ad hos decurritur si soli natura nimia teneritate cespes fra*n*gitur neque lapide mobil*i* *sat*is copiosum uallum extrui potest nec fossa fieri ut non ripae decidant.

52 Quotiens ceruoli desunt et est locus suspectior, armorum ordinibus [castrorum] IIII castra muniunt *e*t per singulos ordines uigiliae crebrius pon*u*ntur; et equites alterna uice castra circuire debent. Si in pacato solummodo tuendae disciplinae causa, unus ordo armorum sufficit et uigiliae rarius constituuntur.

63 Aggeribus autem ita fit *ut **u*allo, si locus petrosus aut arenosus fuerit, quod sine dubio agger*e* facto munitionem castris praebet.

54 Angul*o*s castrorum circinari oportet quia coxas efficiunt instabiliuntque opus propugnationem tuta*ns*. Circinari debebunt ex angulo cohortium quae efficiunt latitudines operis pedum LX usque quo linea exteriores comprehenderit, quae efficiunt par*tem* quarta*m*.

55 Similiter clauicula circinatur ex linea inte-

51 ceruoli A^{pc} : ceruoeruoli A^{ac} || ramosi *Lips.*[2] : -ossi *A* || frangitur *Sch.* : fragori- *A* || lapide mobili *Sch.* : -dem -lem *A* || satis *ego* : nisi *A*.

52 castrorum *del. Sch.* || et *Sch. dubitanter* : ut *A* || ponuntur *Sch. dubitanter* : -nantur *A* || uigiliae *A corr.* : -liaae *A* || constituuntur A^{pc} : -tuntur A^{ac}.

53 ut uallo *ego transp.* : ballout *A* uallum *edd. a Sch.* || aggere *Sch.* : -ri *A*.

54 angulos *Sch.* : -lus *A* || instabiliuntque *Sch.* : -quae *A* || tutans *Dom.* : -tant *A* || angulo *ego* : -los *A* -lis *edd. a Sch.* || quae *Sch.* : quaeq. *A* || comprehenderit *Scriv.* : compraeh- *A* || partem quartem *Sch.* : pars quarta *A*.

d'un point situé sur la ligne intérieure du rempart au milieu de la porte ; le compas doit être ouvert pour toucher l'extrémité de la porte. De ce point médian, on tracera une ligne continue, qui sera assujettie au centre, mais en laissant la place pour une voie. Ensuite, ce point restant fixe, on ajoutera la largeur du rempart et on tracera un nouveau cercle en ligne continue, de sorte que ceux qui entrent soient toujours sans protection et que ceux qui arrivent en courant tout droit soient retenus à l'extérieur ; la clef tirera son nom de ce résultat[1].

56 Pour ce qui concerne le choix du terrain quand il s'agit d'établir les mesures, le premier rang revient au camp qui s'élève en pente douce de la plaine vers une hauteur, position où la porte décumane est placée au point le plus élevé, pour que le camp domine la contrée. La porte prétorienne doit toujours être tournée vers l'ennemi[2]. Le second rang revient au camp placé en terrain plat, le troisième au camp placé sur une colline, le quatrième au camp placé sur une montagne, le cinquième au camp placé dans un site obligé, d'où il est appelé également « camp obligé »[3].

57 On devra principalement veiller à ce qu'une voie puisse longer les côtés du camp. Pour le reste, quelle que soit la valeur de la position du camp, il devra avoir, d'un côté ou de l'autre, un fleuve ou une source. Les positions défavorables, appelées par comparaison avec les premières « marâtres », doivent être évitées à tout prix : qu'aucune montagne ne domine

1. Cf. comm. §§ 90-93, 128.
2. Cf. comm. § 96.
3. Cf. comm. § 95.

riore ualli, *p*uncto mediae portae, adaperto circino ad cardinem portae ; ⟨ex⟩ e*o* medi*o* praeter uia*m* circinabis in eandem lineam quae centro seruiet. Item pun*ct*o manenti adicies latitudinem [ad] ualli et iterum circinabis in eandem lineam, ut intrantes semper detecti sint et ad*u*enientes in recto cursu excludant*ur* ; nomenque ab effectu clauicula trahet.

56 Nam quod attinet ad soli *elec*ti*o*nem in statuend*a* metatio*ne*, primum locum habent quae ex camp*o* in eminentiam len*it*er attolluntur, in qua positione port*a* decimana eminentissimo loco constituitur, ut regiones castris subiaceant ; porta praetoria semper hostem s*p*ectare debet. Secundum locum habent quae in plano constitu*u*ntur, tertium quae in colle, quartum quae in monte, quintum quae in loc*o* necessari*o*, unde et *ne*cessaria castra dicuntur.

57 Praecipue obseruari debebit uia quae lateribus castrorum supersit. Ceter*um* quocumque latere flumen siue fontem habere debe*bunt* in qualicumque positione castrorum. Iniqua loca, quae a prioribus no*uerc*ae appellantur, omni modo uitari debent : ne mons castris immineat, per quem superuenire hostes aut prospicere possi*nt* quid in castris aga-

55 puncto *Sch.* : iun- *A* || ex *add. Lange* || eo medio *Gem.* : ea media *A* || uiam *Sch.* : uiae *A* || puncto *Sch.* : -nito *A* || ad *del. Sch.* || aduenientes *Sch.* : -tem *A* || excludantur *Sch.* : -dant *A*.

56 soli electionem *Sch.* : sollicitudinem *A* || statuenda *Sch.* : -nde *A* || metatione *Sch.* : moetationis *A* || campo *Sch.* : -pum *A* || leniter *Sch.* : lentiper *A* || porta *Pont.* : -te *A* || spectare *Pont.* : sect- *A* || constituuntur *Sch.* : -tuentur *A* || loco necessario *Vol.* : -cum -rium *A* || necessaria A^3 : cessaria A^1.

57 praecipue *Vol.* : -puae *A* || ceterum *Sch.* : -ra *A* || debebunt *Vol.* : -bit *A* || nouercae *Scriv.* : nobiriae *A* || possint *Vol.* : -sit *A*.

le camp, montagne que les ennemis puissent utiliser pour attaquer par en haut ou voir, de loin, ce qui se passe dans le camp ; qu'il n'y ait pas à proximité une forêt qui puisse cacher les ennemis, ni une ravine ou des vallons par lesquels on puisse s'approcher du camp sans être vu ; qu'il n'y ait pas tout près un torrent dont la crue subite pourrait inonder et anéantir le camp[1].

58 En pays ennemi, il faut songer à installer des accès au rempart, qui soient doubles et rapprochés les uns des autres, à élever des plates-formes pour les machines de jet autour des portes, dans les saillants, à la place des tours. Il faudra surtout équiper le rempart de machines de jet du côté où se trouvent les marâtres si l'on n'a pu les éviter[2].

1. Cf. comm. § 97.
2. Cf. comm. § 94.

tur; ne silua celatura hostes adiaceat neue fossa ⟨uel⟩ ualles per qu*a*s obr*ep*i castris o*c*culte possit; ne uicini fluminis torrentis subita tempestate castra inundat*a* interea*nt*.

58 Meminisse oportet in hostico ascensus ualli duplices et frequentis facere et tormentis tribunalia extruere circum portas, in coxis, in loco t*ur*rium. Maxime instruendum erit uallum tormentis ab eo latere quo no*u*erca*e*, si uitari non potuerunt.

57 uel *add. Sch.* || quas *Vol.* : quos *A* || obrepi *Pont.* : -ruti *A* || occulte *Pont.* : obc- *A* || possit *Pont.* : -sint *A* || inundata *Sch.* : minundant *A* || intereant A^3 : -rea A^1.

58 turrium *Dom.* : tyrium *A* || uallum *Vol.* : -li *A* || nouercae *Scriv.* : noberca *A*.

COMMENTAIRE

Liste des principaux ouvrages utilisés dans le commentaire et des abréviations qui les y désignent.

E. Birley, *Alae and cohortes milliariae*, in *Corolla memoriae Erich Swoboda dedicata* (*Römische Forschungen in Niederösterreich*, 5), Graz-Köln, 1966, p. 54-67 = *Alae*.

H. Callies, *Die fremden Truppen im römischen Heer des Prinzipats und die sogenannten nationalen Numeri*, in *Bericht der Römisch-Germanischen Kommission des Deutschen Archäologischen Instituts* 45, 1964, p. 130-227 = *Numeri*.

A. von Domaszewski. *Die Anlage der Limeskastelle*, Heidelberg, 1908 = *Kastelle*.

A. von Domaszewski. *Die Rangordnung des römischen Heeres* (*Beihefte der Bonner Jahrbücher*, 14, 1908), 2e édition avec introduction et corrections de B. Dobson, Köln-Graz, 1967 = *Rangordnung*.

M. Durry, *Les cohortes prétoriennes*, Paris, 1938 (réimpression 1968) = *Cohortes*.

R. O. Fink, *Roman Military Records on Papyrus* (*Philological Monographs of the American Philological Association*, 26), New York, 1971 = *Records*.

M. Masquelez, *Étude sur la castramétation des Romains et leurs institutions militaires*, Paris, 1864 = *Castramétation*.

Th. Mommsen, *Die Conscriptionordnung der römischen Kaiserzeit*, in *Hermes* 19, 1884, p. 1-79 et 210-234 = *Conscriptionordnung*.

I. A. Richmond, *The four Roman Camps at Cawthorn, in the North-Riding of Yorkshire*, in *Archaeological Journal* 89, 1932, p. 17-78 = *Cawthorn*.

M. Speidel, *Die equites singulares Augusti* (*Antiquitas*, 1, 11), Bonn, 1965 = *Singulares*.

F. Stolle, *Das Lager und Heer der Römer*, Strasbourg, 1912 = *Lager*.

I. — Ordonnance générale du camp et méthodes d'Hygin

A. — Forme du camp.

1. Le camp tel que recommande de l'établir Hygin a la forme d'un rectangle allongé, dont la largeur, 1600 pieds, est égale aux deux tiers de la longueur, 2400 pieds. Le terme dont se sert Hygin pour désigner cette proportion, *tertiatus*, qu'on ne peut mettre en doute, a ici un sens exceptionnel, puisqu'il signifie d'ordinaire « multiplié par trois »; ce sens conviendrait à la longueur du camp, à condition d'imaginer une unité de longueur de base servant à déterminer, par multiplication par trois et par deux, longueur et largeur; dans ce cas, Hygin n'aurait rien dit de la largeur : *tertiatus* désigne donc bien une proportion. Les chiffres donnés ici ne le sont que pour l'exemple ; il ne faut pas chercher, à notre sens, à les retrouver dans les dimensions du camp type de la seconde partie, qui en sont du reste très proches : 2350 pieds sur 1620. La proportion est donc bien respectée, même approximativement. On peut rappeler que cette proportion de 3/2 = 1,5 se retrouve dans un certain nombre de camps du monde romain (Rapidum, Deva, Birdoswald, Vetera, Okarben)[1].

2. La forme allongée du camp est présentée par Hygin comme préférable, car plus salubre que d'autres : le vent dissipe mieux les poussières et empêche l'accumulation d'air chaud au-dessus de l'armée. L'explication est curieuse, car on voit mal, étant donné la faible hauteur du rempart, 6 pieds soit 1,80 m.[2], comment un camp carré serait plus favorable à la stagnation de l'air... Remarquons que d'autres formes, plus allongées ou plus carrées, ne sont pas totalement exclues, mais comportent des désavantages. Les pre-

1. Sur les proportions des camps, cf. R. Rebuffat, in J.-P. Callu, J.-P. Morel, R. Rebuffat, G. Hallier, *Thamusida I* (Collection de l'École française de Rome 2, 1), Paris, 1965, p. 136-142.

2. Toutes les équivalences métriques des mesures en pieds indiquées par Hygin seront calculées avec la valeur approchée de 30 cm pour 1 pied.

mières rendent difficile l'usage d'instruments tels que le cor, *bucinum*, qui rythment habituellement la vie du camp ; elles obligent à utiliser plus fréquemment que de coutume le *classicum*, instrument que les commentateurs anciens assimilent généralement à une *tuba*[1] et qui devait produire un son particulièrement éclatant, puisque son emploi est d'ordinaire le signe de la présence du général en chef[2].

B. — Divisions du camp.

Divisions transversales. **3.** Le camp, comme nous l'avons signalé dans l'introduction, se compose de trois parties hiérarchisées : les côtés du prétoire, la prétenture et la rétenture ; elles sont séparées par deux voies transversales, la voie principale (*uia principalis*, § 14) et la voie quintane (*uia quintana*, § 17). Un observateur partant de la porte prétorienne et traversant le camp en ligne droite traverserait d'abord la prétenture, puis les côtés du prétoire et la rétenture (fig. 1) ; ce mouvement est assimilé par Hygin à un mouvement ascendant, ce qu'il est en réalité lorsque le camp occupe le site considéré comme le meilleur, où la porte décumane « est placée au point le plus élevé » (§ 56) ; il emploie donc l'adverbe-préposition *super* ou son doublet *supra* pour indiquer qu'un corps est, par rapport à un autre, plus proche de la porte décumane, ou, si l'on veut, plus proche de l'arrière du camp[3]. Inversement, pour désigner un emplacement plus proche qu'un autre de la porte prétorienne, il emploie *infra*, au-dessous de[4].

1. Cf. *T. L. L.* 3, c. 1278, l. 54-57.

2. Caes., *Civ.* 3, 82, 1 : *Pompeius ... suum cum Scipione honorem partitur classicumque apud eum cani et alterum illi iubet praetorium tendi* ; Veg., *Mil.* 2, 22 : *hoc insigne uidetur imperii quia classicum canitur imperatore praesente.*

3. Cf. § 18 : *quaestorium est supra praetorium* ; § 19 : *super quos cohors peditata ... poni debebit ... et super symmacharii ... tendere debebunt.* Cet emploi de *super* et *supra* se retrouve aux §§ 5, 17, 18, 19 (2 fois), 23, 26, 40. Il faut noter un emploi différent, mais similaire dans son principe, de *supra* au § 4 : *supra quibus ualetudinaria ... quae supra tendent*, et au § 14 l'expression *superiores strigae* : dans les deux passages, l'observateur se trouve dans la prétenture, sur la voie prétorienne, et considère l'espace placé soit à sa droite, soit à sa gauche et qu'il a « au-dessus de lui » selon la direction dans laquelle il se tourne.

4. § 15 : *infra uiam principalem*, correction pour *intra*, justifiée

4. La voie principale sépare la prétenture des côtés du prétoire ; c'est une des voies les plus importantes du camp, fait souligné par sa largeur de 60 pieds (18 m.) qui est la largeur maximale d'une rue. Elle longe les quartiers des légats de légion et des tribuns des cohortes prétoriennes d'un côté, de l'autre le prétoire et les quartiers des compagnons de l'empereur. En particulier, le préfet du prétoire loge tout près de cette voie ; la correction *a principiis* pour expliquer l'origine du nom nous semble donc de ce fait parfaitement justifiée, puisque ce terme se trouve déjà dans Tite-Live (28, 24, 10) et Tacite (*Hist.* 3, 13 : *recurrens in principia miles*)[1]. Elle conduit à deux portes, dont Hygin ne donne pas le nom, mais dont nous savons par ailleurs[2] qu'elles sont nommées *portae principales.*

5. En arrière du prétoire et des côtés de celui-ci, les séparant de la rétenture, se trouve la voie quintane. Nous avons montré plus haut qu'Hygin reprenait l'étymologie de ce nom chez Polybe, directement ou indirectement. Elle est de moindre importance que la voie principale, puisqu'elle n'a que 40 pieds de large et que cette largeur est subordonnée au nombre de légions se trouvant dans le camp. Cela provient sans doute de la moindre importance de la rétenture, qu'elle dessert : ainsi, dans le camp type, les côtés du prétoire ont 720 pieds de long (§ 9), alors que la rétenture ne mesure que 480 pieds (§ 42). Elle ne conduit qu'exceptionnellement à des portes, qui, comme toutes les autres portes du camp desservies directement par une voie, doivent tirer leur nom de celui de cette voie : l'appellation *uia quintana* étant assurée, la correction de Domaszewski pour le nom des portes nous semble également sûre (§ 17).

Division longitudinale. 6. Il existe également dans le camp une division longitudinale, marquée dans la partie antérieure par une voie, la voie prétorienne, large, comme

par *inferius scamnum* quelques lignes plus bas. Nous avons adopté, dans notre commentaire, les expressions « en arrière de » pour *super* et « en avant de » pour *infra* qui nous semblent mieux correspondre à nos propres habitudes. Ces expressions s'entendent, évidemment, pour un observateur placé à la porte prétorienne.

1. Sur l'emploi et la signification du mot *principia*, cf. R. Fellmann, *Die Principia des Legionslagers Vindonissa und das Zentralgebäude der römischen Lager und Kastelle*, Brugg, 1958, p. 75-92.

2. Liv. 4, 19, 8 ; 40, 27, 4-5.

la voie principale, de 60 pieds, qui mène du prétoire à la porte dite prétorienne. Cette voie longitudinale n'existe pas dans la partie médiane ni dans la partie postérieure, la rétenture. Cependant, sur la ligne arrière du rempart, la porte décumane est située dans son exact prolongement, sans qu'une voie y aboutisse directement.

7. Cette voie prétorienne est également importante dans la méthode de calcul employée par Hygin ; en effet, lorsqu'il parle, au § 32, de la largeur de la moitié du camp, ses lignes de référence sont d'une part la ligne extérieure du campement des cohortes légionnaires, d'autre part une ligne fictive, prolongeant le côté de la voie prétorienne, et non pas, comme on aurait pu le penser, une ligne passant au milieu de cette voie (fig. 1). Il s'ensuit en particulier que la largeur du prétoire que nous recomposons à partir du § 33 est de 180 pieds : deux fois 60 pieds, correspondant aux deux portions du prétoire comprises dans les deux moitiés du camp ainsi définies, *dimidiae partes castrorum*, auxquels s'ajoutent 60 pieds, correspondant à la largeur de la voie prétorienne. C'est cette même ligne prolongeant le côté de la voie prétorienne et conçue comme traversant tout le camp qui limite d'un côté la moitié du camp, *pars dimidia*, aux §§ 34, 35, 37 et 42, l'autre côté étant formé par la voie de couverture (fig. 1).

8. Le camp d'Hygin est ainsi divisé en deux parties symétriques de part et d'autre de la voie prétorienne, que celle-ci existe réellement, dans la prétenture, ou qu'elle soit prolongée fictivement, dans la partie médiane et dans la rétenture. Cette symétrie des emplacements appelle la symétrie des corps de troupes : Hygin insiste souvent sur le fait que les troupes doivent camper en nombre égal de part et d'autre de la voie prétorienne, du prétoire ou du *quaestorium*[1] et, dans ses calculs, il considère exclusivement une moitié du camp, puisque la seconde doit en être la réplique (§§ 31, 33, 34, 35, 36, 37, 38, 42).

9. Cette symétrie, nous l'avons dit, se fait autour de la voie prétorienne, dont la largeur est pour ainsi dire annulée dans le calcul ; il faut cependant noter qu'une ligne de sy-

1. § 7 : *Ita fiet ut et pari numero dispositi sint* ; § 8 : *numerus et dispositio dextra laeuaque praetorii ... a paribus esse debent* ; § 31 : *ideo quod a paribus tendant* ; § 40 : *ut aequali numero tendant.*

métrie existe, qui passe exactement au milieu de la voie. C'est l'une des deux directions donnée par la *groma*, l'équerre ; on sait que cet instrument permettait de déterminer deux perpendiculaires en un point[1]. Le point appelé *groma* dans le camp (fig. 1)[2] est situé « à l'entrée du prétoire et *au milieu de* celle-ci *près de* la voie principale », *in introitu praetorii partis mediae ad uiam principalem* (§ 12) : il se trouve donc sur une ligne passant au milieu de la voie prétorienne ; la seconde direction n'est pas, elle, au milieu de la voie principale, mais se confond avec la limite antérieure de la partie médiane et est adjacente au côté postérieur des portes principales. L'étoile formée par les quatre portes du camp n'est donc pas parfaitement régulière.

C. — Les voies.

Les voies de pourtour. **10.** A l'intérieur du camp, on dénombre donc trois voies importantes, la voie prétorienne, la voie principale, et la voie quintane, et les « troupes de renfort » campent dans les trois parties distinguées par Hygin. Autour de ces troupes et pour les séparer des cohortes légionnaires qui campent autour du rempart[3] court une voie de moindre importance puisqu'elle n'a que 30 pieds de large : la voie de couverture, *uia sagularis*. Son nom vient du vêtement *sagum* ou *sagulum*, qui « enveloppait » le soldat comme cette voie « enveloppe » le camp[4]. Entre les emplacements des cohortes et le rempart, une autre voie importante est parallèle aux quatre côtés de celui-ci : l'*interuallum*, large de 60 pieds comme la voie prétorienne et la voie principale. On a ainsi deux voies, l'une moins large que l'autre de la moitié, permettant de parcourir tout le périmètre du camp.

Les voies de quartier. **11.** A l'intérieur même des différentes parties, on trouve des voies secondaires, nommées « voies de quartier », *uiae uicinariae*. Le terme est propre à Hygin et, sans doute, au vocabulaire militaire. Nous com-

1. Sur la *groma*, voir O. A. W. Dilke, *The Roman Land Surveyors*, Oxford, 1962, p. 170-180.
2. Cf. *infra*, § 42.
3. Cf. *infra*, § 32.
4. A. Ernout et A. Meillet, *Dictionnaire étymologique de la langue latine*, 3e éd., Paris, 1951, p. 589.

prenons, au § 13, *percurrentes proxime sagularem* comme l'expression d'une part du parallélisme de ces voies avec la voie de couverture (*proxime currentes*), et d'autre part de leur continuité d'un côté et de l'autre des voies importantes auxquelles elles sont perpendiculaires (*percurrere*; cf. § 43 : « nous veillerons à donner aux enseignes de la première bande la même longueur qu'à celles de la cohorte première, pour que les voies de quartier puissent traverser le camp », *ut uicinariae uiae percurrant*).

12. Ces voies sont donc, dans la prétenture, perpendiculaires à la voie prétorienne, dans les côtés du prétoire et la rétenture, perpendiculaires à la voie principale et à la voie quintane. Leur largeur est variable ; l'une d'elles qui, avec la voie de couverture, délimite l'emplacement des cohortes premières (§§ 36, 43), doit avoir 20 pieds de large ; les autres n'en ont que 10 ; cette variation suffit à elle seule à exclure le nom de *uiae uicenariae*, « voies de 20 pieds », qu'A. Oxé veut leur attribuer en se fondant sur l'orthographe défectueuse du mot dans le manuscrit au § 43[1]. Ces voies peuvent, du reste, ne pas être créées, selon que le nombre des troupes le permet ou l'empêche[2].

Leur fonction est ainsi claire : elles ne font pas réellement partie du système de circulation générale dans le camp — circulation qu'elles facilitent cependant — et ne délimitent pas à proprement parler de subdivisions : elles aident à la desserte des divers emplacements des troupes. On peut les rapprocher des *uiae uicinales* des *Agrimensores* : celles-ci ne servent pas à l'ensemble de la population, mais seulement à l'usage local et ne constituent pas des limites[3].

D. — Les éléments de base du campement.

Les bandes et demi-bandes. 13. Les trois parties princi-

1. A. Oxé, *Zu Hygins Lagerbeschreibung*, in *Saalburg Jahrbuch* 9, 1939, p. 65-72 (p. 68-70).
2. Cf. l'organisation de la prétenture, §§ 36-38 et *infra*, § 108.
3. Sic. Flacc., *Grom.* p. 146-147 : *uiae saepe necessario per alienos agros transeunt ; quae non uniuerso populo itinera praestari uidentur, sed eis ad quorum opera et eis ad quorum agros per eas uias peruenire necesse est. Hae ergo de uicinalibus solent nasci ... Ergo uiae publicae et uicinales et communes in finibus incidunt : non enim finium causa diriguntur, sed itinerum.*

pales du camp, prétenture, côtés du prétoire, rétenture, sont à leur tour divisées en éléments allongés. La longueur de ces derniers est variable et dépend de la nature de la troupe qui les utilise et de la longueur de la partie principale où ils sont délimités. En revanche, leur largeur est fixe : 30 pieds ; un élément de 30 pieds de large est appelé ***hemistrigium***, « demi-bande ». C'est, en fait, cette demi-bande qui forme la base du campement de chaque corps et la base de la division des parties principales. En présence d'un corps de troupe déterminé Hygin calcule, en fonction de la longueur qui est, elle, donnée par la longueur de la prétenture ou des côtés du prétoire, le nombre de demi-bandes nécessaire pour faire camper ce corps. Ainsi procède-t-il explicitement pour la prétenture (§§ 34-38 ; § 35 : *ut sciamus quot hemistrigia nascantur*) et pour la rétenture (§ 42). Lorsque deux demi-bandes sont réunies, elles forment une ***striga***, « bande », de 60 pieds de large (§ 1 : « lorsque les centuries campent l'une en face de l'autre, on crée une bande de 60 pieds »).

14. Le calcul effectué par Hygin aux §§ 33 et 42 montre que, dans les côtés du prétoire et dans la rétenture, les bandes sont perpendiculaires aux voies principale et quintane, donc parallèles à la voie prétorienne ; en effet, le nombre de demi-bandes est obtenu en divisant par 30 la largeur de la moitié du camp[1]. En revanche, dans la prétenture, les bandes sont perpendiculaires à cette même voie prétorienne : la longueur de la prétenture est calculée d'après le nombre de demi-bandes, alors que sa largeur est connue (§ 36). C'est, croyons-nous, ce qu'Hygin a voulu indiquer au § 14. Le manuscrit donne, pour la fin du paragraphe, *propter quod rigorem censure suae superioris strigis in praetoriiura non percurrunt* ; on ne peut donner un sens satisfaisant au passage en conservant la relation causale établie par *propter quod* entre cette phrase et la précédente, *uia quae ducit ad portam praetoriam ... latitudine (est) ... pedum LX*. La pensée de l'auteur s'éclaire lorsqu'on rapproche l'expression *percurrere propter* ... de *percurrere proxime sagularem* au § 13 : dans la prétenture l'orientation des bandes, marquée matériellement par les lignes de tentes à l'intérieur de ces bandes (*rigore tensurae suae*) n'est pas parallèle (*strigae non percurrunt propter...*) à un axe donné, axe qui ne peut être que la voie prétorienne, dont traite précisément l'auteur

1. Cf. *infra*, §§ 102, 117.

dans ce passage ; nous avons donc, avec Lange, corrigé ***propter quod*** en ***propter quam***. Lange conservait cependant, comme l'ont fait également les éditeurs suivants, la correction proposée par Schele de ***praetoriiura*** en ***praetorii ora*** ; outre que l'expression est en elle-même étrange, le sens de ***percurrere*** exclut, nous semble-t-il, la présence de deux compléments, ***percurrere propter (uiam) ... in (ora)*** ; en revanche, la précision ***in praetentura*** est nécessaire pour bien marquer que cette disposition des bandes est une exception dans le camp.

Les enseignes et le fond. 15. La juxtaposition de deux ou plusieurs demi-bandes détermine l'emplacement des différentes unités. Cet emplacement est donc de forme rectangulaire ; Hygin mentionne la possibilité d'un emplacement carré pour la cohorte légionnaire (§ 2), mais pour l'exclure, car il ne permettrait pas un campement régulier. Il désigne la largeur et la longueur de ces emplacements allongés par deux termes obscurs, *signa* et *tabulinum*, les « enseignes » et le « fond ». Pour certains[1], les enseignes désignent le côté court des emplacements et des demi-bandes, le fond le côté long. Or, si au § 34 dans la description du campement de l'aile milliaire, si au § 3 dans l'énumération des formes possibles pour la cohorte première, les enseignes désignent bien la largeur et le fond la longueur[2], en revanche, lorsqu'Hygin indique, au § 32, le mode de campement des cohortes légionnaires, il donne « 90 pieds de fond et 240 pieds d'enseignes » ; les quatre termes ne peuvent donc être mis en rapport deux à deux. En fait, la seule donnée sûre que nous puissions tirer du texte est que les enseignes désignent le côté parallèle à une voie importante, voie prétorienne (§§ 14, 34), principale et quintane (§ 43), *interuallum* (§ 32), le fond désignant alors le côté perpendiculaire à cette voie. Celle-ci ne peut, dans ce cas, que servir au rassemblement des soldats, derrière leurs enseignes, d'où le nom donné au côté de leur casernement qui la jouxte. De plus, c'est le long de cette voie importante qu'étaient disposées ces enseignes : on pouvait donc facilement, en l'empruntant, connaître quelle unité était campée dans tel emplacement ; en longeant l'autre

1. M. Masquelez, *Castramétation*, p. 355 ; A. von Domaszewski, éd., p. 61.

2. § 3 : *utputa signis pedes CXX, tabulino pedes CCCLX, uel signis pedes CLXXX, tabulino pedes CCXL* ; § 34 : *accipere debet ala miliaria signis pedes CL, tabulino pedes DC.*

côté en revanche, c'était impossible : le *tabulinum* était donc, en quelque sorte, comme le *tablinum* de la maison romaine dont il porte le nom, le côté obscur, l'arrière du campement[1].

Étant donné la manière dont la largeur de la demi-bande était répartie entre les annexes, la tente et l'espace pour circuler[2], il est certain que le passage entre le campement et la voie adjacente, donc également le rassemblement des troupes, se faisaient plus commodément lorsque la largeur de la demi-bande jouxtait la voie ; néanmoins c'est, quelle que soit sa longueur relative, le côté parallèle à la voie où s'opérait le rassemblement qui se nommait enseignes[3].

E. — Détermination des différents campements.

Les deux méthodes employées par Hygin. 16. Nous avons déjà indiqué, dans l'introduction, que l'armée décrite par Hygin comprend trois corps principaux : les troupes légionnaires, les corps d'élite, les auxiliaires, et que, selon leurs positions respectives dans le camp, les légions s'opposaient aux deux autres. Dans la manière de déterminer les emplacements nécessaires, les schémas de base du campement pour chaque corps, ce sont les auxiliaires qui s'opposent aux deux autres corps.

En effet, les troupes légionnaires voient leur campement déterminé par des surfaces, composées de demi-bandes qui se juxtaposent de façon variable. Nous avons ainsi pour les cohortes légionnaires et les vexillaires quatre surfaces possibles, expressément indiquées au § 2 : 120 pieds sur 180 ; 90 pieds sur 240 ; 60 pieds sur 360 ; 30 pieds sur 720 ; les cohortes premières, qui reçoivent double emplacement, peuvent ainsi camper sur une surface de 120 pieds sur 360, ou de 180 pieds sur 240 (§ 3). Les cohortes prétoriennes reçoivent le même emplacement que les cohortes premières ; quant aux cavaliers prétoriens et aux cavaliers d'élite, ils doivent camper sur des bandes entières, de 720 pieds de long (§ 9) ou sur des demi-bandes de même longueur : ces bandes ou demi-bandes semblent bien être de dimensions fixes, car d'une part, on doit s'efforcer de les utiliser au

1. Ce que nous avons cherché à rendre en traduisant par « fond ».
2. Cf. *infra*, §§ 23-24.
3. A. von Domaszewski, éd., p. 61-62, adopte un point de vue proche du nôtre pour l'explication du mot *signa*, mais systématise l'analogie des enseignes et du côté court. Cf. A. Grillone, éd., p. 2.

mieux (§ 7) et, d'autre part, si — d'après l'exemple d'Hygin au § 8 — les cavaliers d'élite sont un peu plus nombreux que d'ordinaire, on n'étend pas leur campement[1]. Donc les troupes légionnaires et les corps d'élite reçoivent un emplacement fixé d'avance, déterminé par les deux dimensions d'un rectangle.

17. En revanche, il faut calculer l'emplacement accordé aux troupes auxiliaires et aux peuplades. Pour ces troupes, on attribue à chaque homme une certaine longueur, la largeur de la demi-bande étant bien entendu fixe, 30 pieds[2]. Le fantassin reçoit un pied et un cinquième, le cavalier deux pieds et demi, plus un cinquième de cette longueur, soit 3 pieds[3]. L'expression *duo semis adiecta quinta*, « deux pieds et demi plus une cinquième partie » a paru obscure à certains : on a voulu qu'Hygin désignât ici aussi la cinquième partie du pied[4]. Or, au § 26, l'auteur indique l'opération qu'il faut effectuer pour transformer un nombre de cavaliers en un nombre équivalent de fantassins, cela pour faciliter les calculs ultérieurs ; il faut, dit-il, « procéder de la même manière que pour transformer un pied — ce que reçoit le soldat — en deux pieds et demi — ce que reçoit le cavalier » (c'est-à-dire en multipliant par 2,5, soit 5/2)[5] : l'auteur ne tient pas compte, uniquement pour des raisons de simplicité du calcul, de « la cinquième partie ajoutée » à chaque mesure. Pour que la proportion soit la même, qu'on tienne compte ou non de celle-ci, il est nécessaire que cette cinquième partie ne désigne pas une *valeur* identique (le cinquième du pied), mais une *proportion* identique (le cinquième d'une certaine valeur).

18. Cette utilisation du fantassin comme « unité de compte » dans les corps mixtes n'est pas sans faire penser

1. C'est ainsi que nous comprenons la dernière phrase du § 8 : *si ad nos fuerint ut striga eis sufficiat*, et nous corrigeons, avec Lange, *nos* en *D*. Cf. *infra*, § 49.

2. La correction, au § 25, de A. Grillone, *per totam longitudinem hemistrigii*, nous semble donc inutile.

3. Le calcul se fera ainsi : $5/2 + (5/2 : 5) = 25/10 + 5/10 = 3$.

4. A. Gemoll, *Die Hyginische Lagerbeschreibung*, in *Hermes* 14, 1880, p. 247-256 (p. 251) ; A. Gemoll, compte rendu de l'édition de Domaszewski, in *Wochenschrift für klassische Philologie* 5, 1888, p. 753.

5. *ut pedem, quod accipit miles, redigo ad duo semis, quod accipit eques*. Le manuscrit porte bien *ut pedem* et non pas, comme les précédents éditeurs l'avaient lu jusqu'à A. Grillone, *et pedem*.

aux papyri de Dura et plus particulièrement au *P Dur.* 100 (= R. O. Fink, *Records*, n° 1) : après la liste des cavaliers faisant partie de chaque turme, on trouve un chiffre total qui, compte tenu des lacunes du document, peut être interprété comme étant le double du nombre des cavaliers. R. O. Fink met en relation ce fait avec la paie d'une solde double ou la délivrance d'une double quantité de ravitaillement par rapport à celles des fantassins[1] : là encore, pour le trésorier de l'unité, « l'unité de compte » est le fantassin.

19. La méthode de calcul une fois fixée, nous en déduirons avec l'auteur qu'une cohorte à pied milliaire recevra : 1000 × 6/5, soit 1200 pieds sur 30 pieds de large, qu'une cohorte montée milliaire, qui équivaut à une formation de 1360 fantassins (§ 26) recevra : 1360 × 6/5, soit 1632 pieds.

La longueur totale occupée par une cohorte à pied milliaire sera la même, que l'on considère une demi-bande de 30 pieds de large et 1200 pieds de long, deux demi-bandes (largeur : 60 pieds) de 600 pieds de long, trois demi-bandes (largeur : 90 pieds) de 400 pieds de long, etc... On dira donc d'une cohorte à pied milliaire, quelle que soit la forme et les dimensions réelles de son campement, qu'elle campe sur une « longueur exprimée en pieds » de 1200. C'est là le sens exact du mot *pedatura* que l'on retrouve fréquemment dans notre texte. Mais la signification un peu plus large de « emplacement », qui se développe naturellement à partir du sens premier, vient souvent recouvrir celui-ci. Ainsi au § 2, l'expression *conuertere pedaturam* s'applique bien à un rectangle dont les deux dimensions sont prises en considération.

20. Pour une troupe particulière (§ 26) ou pour un ensemble de troupes (§§ 34, 35, 42), c'est ce principe qui préside à l'établissement de l'emplacement : si la longueur est donnée, Hygin calcule le nombre de demi-bandes qui sera nécessaire pour accueillir un certain nombre de fantassins (§§ 26, 34, 35-38) ; si l'on connaît le nombre de demi-bandes, il calcule, toujours en fonction du nombre de fantassins, la longueur qu'il faut leur attribuer (§ 42).

1. R. O. Fink, *The Strength and Organization of the Cohors XX Palmyrenorum*, in *The Excavations at Dura Europos — Final Report* V — Part I *The Parchments and Papyri*, New-Haven, 1959, p. 28-36 (p. 33). Le même auteur est beaucoup moins affirmatif dans les *Records*, p. 17, mais M. R. Marichal a bien voulu nous confirmer oralement que telle était bien l'interprétation qu'il adoptait dans les *Chartae Latinae Antiquiores*, VIII, introduction.

Analogie des deux méthodes. 21. Il existe donc deux méthodes pour déterminer les emplacements : la première tient compte des surfaces à affecter aux unités, la seconde des effectifs de ces unités. C'est, croyons-nous, ce que l'auteur a voulu souligner au début du § 47, en opposant les « légions » aux « unités », *numeri*[1] ; nous avons donc adopté la correction de W. Gemoll, *legiones dispositas*, qui rend compte de cette opposition entre la « disposition » des légions et la « répartition » des unités selon leur effectif.

Cependant la différence de méthode, qui est certaine, n'est pas aussi radicale que nous venons de l'exposer. On peut en trouver une preuve dans la comparaison entre deux passages, au § 2 et au § 5. Au § 2, Hygin indique qu' « une cohorte campant sur un seul rang occupe 30 pieds sur 720 », et, au § 5, que « les vexillaires des légions doivent recevoir le même emplacement qu'une cohorte légionnaire, qui est comptée pour 600 hommes »[2]. Si nous appliquons à ces 600 hommes la méthode de calcul utilisée pour les auxiliaires, nous dirons qu'ils occupent un emplacement, *pedatura*, de 600 × 6 /5, soit 720 pieds ; c'est bien la longueur indiquée par Hygin pour une cohorte « campant sur un seul rang », autrement dit sur une demi-bande. La méthode de calcul de l'emplacement de base est donc bien la même.

Une autre preuve en est fournie au § 4 : lorsque, dans la bande de la cohorte première, il reste un emplacement trop étroit, on l'attribue à une cohorte légionnaire, « mais en tenant compte de son effectif exact », *numero suo*. L'effectif réel de la cohorte est donc bien parfois considéré, comme pour les troupes auxiliaires.

22. Il reste néanmoins que d'un côté, pour les troupes légionnaires, le calcul s'effectue sur un effectif théorique largement supérieur à l'effectif réel, alors que de l'autre,

1. *Nam quod ad legiones dispositas* (mss. = *astas*) *et diuiduos* (mss. = *diuisiduos*) *numeros pertinet*... Dans *numerus*, les sens d' « unité militaire » et d' « effectif » se combinent ; même sens au § 46 : *quis numerus commutari debeat*, « quelle unité, et de quel effectif, on doit changer de place ».

2. Le texte *quae ... computatur* est une correction pour *quae ... computantur* ; certains (Lange, éd. ; W. Gemoll, éd. ; J. W. Förster, compte rendu de l'édition de Domaszewski, in *Neue Philologische Rundschau* 5, 1888, p. 74) conjecturent : *quia ... computantur*. La preuve que nous cherchons ne serait en rien affaiblie par cette dernière correction ; du reste, la comparaison des deux passages tend à justifier la correction que nous avons adoptée ici.

il s'effectue sur l'effectif réel des troupes, ou du moins sur l'effectif nominal, très proche du premier[1].

De plus, cette méthode de calcul ne peut servir à déterminer le schéma d'implantation des cohortes légionnaires, des cohortes premières ou des cohortes prétoriennes. En effet, ce schéma est, pour une cohorte, déterminé par celui des centuries qui la composent : une cohorte à pied milliaire peut camper sur une demi-bande de 1200 pieds de long, deux demi-bandes de 600 pieds, trois demi-bandes de 400 pieds, quatre de 300 pieds, etc... ; une cohorte légionnaire peut camper sur une demi-bande de 720 pieds de long, deux demi-bandes de 360 pieds, trois demi-bandes de 240 pieds, mais ne campera jamais sur quatre demi-bandes de 180 pieds de long, bien qu'elle puisse occuper un rectangle de 120 pieds sur 180[2]. Cette méthode de calcul par le nombre des soldats n'est utilisée par Hygin pour les troupes légionnaires ou les troupes d'élite que lorsqu'elles font partie d'un ensemble de troupes comportant également des auxiliaires, qui doit trouver place dans une partie ou une autre du camp et qu'il faut déterminer l'emplacement que cet ensemble doit occuper[3].

II. — L'armée et l'organisation de détail du camp

A. — L'organisation intérieure des bandes.

Les bandes des troupes légionnaires. 23. L'élément de base est celui de la centurie ; il s'agit d'une demi-bande de 120 pieds de long. Les 30 pieds de largeur se répartissent entre la tente (10 pieds), un espace pour déposer les armes et sans doute les bagages (5 pieds), un second pour les bêtes de somme (9 pieds). Un troisième espace (6 pieds donc) est laissé libre pour permettre la circulation. Chaque tente abrite huit hommes et occupe une surface carrée de 10 pieds de côté ; celle-ci correspond sans doute à la surface intérieure ; pour placer les piquets et les cordes nécessaires au montage, on compte deux pieds supplémentaires sur la longueur de la demi-bande, qu'Hygin appelle *incrementum tensurae*. Il

1. Cf. *infra*, § 64.
2. Cf. *infra*, § 32 et fig. 4.
3. §§ 33, 35. Cf. *infra*, §§ 103, 108-110.

n'y a pas lieu de voir dans ce dernier, comme le fait Domaszewski[1], un espace vide sans utilité définie qui serait l'équivalent de la cinquième partie ajoutée au pied que reçoit le soldat auxiliaire ; c'est bien l'espace nécessaire pour le montage : si l'on figure la tente par un carré, il faudra ajouter un pied de chaque côté (fig. 2)[2]. Par suite de sa mauvaise interprétation de cette exigence purement technique, Domaszewski donne de l'emplacement de la centurie légionnaire des croquis faux, aussi bien dans son édition que dans un article ultérieur[3]. Aucune augmentation n'est prévue sur la largeur de la demi-bande : on en conclura que le type de tente utilisé par l'armée romaine n'exige pas d'être assuré par des cordes en avant et en arrière (existe-t-il une « faîtière »?) et que cette augmentation serait inutile. Cela explique que lorsque trois demi-bandes adjacentes sont utilisées (fig. 4, schéma C), deux centuries pourront camper dos à dos sans que l'arpenteur ait à prévoir un espace supplémentaire[4]. Sur la longueur de la demi-bande, deux tentes n'étant pas montées, le centurion dispose donc de 24 pieds. Faut-il en conclure que sa tente est d'un modèle plus grand que celle des hommes de troupe? I. A. Richmond et J. Mac Intyre le pensent, d'après l'exemple des camps permanents et de la colonne Trajane[5] ; c'est possible, mais rien dans le texte d'Hygin ne permet de l'affirmer. Disposer d'une tente à soi seul et être éloigné des autres tentes semble être un privilège « suffisant » dans un camp de marche...

24. La question se pose de la disposition de chaque élément sur la largeur de l'emplacement. Lorsque les emplace-

1. A. von Domaszweski, éd., p. 43.
2. On trouvera dans : J. Mac Intyre et I. A. Richmond, *Tents of the Roman Army and leather from Birdoswald*, in *Transactions of the Cumberland and Westmorland Antiquarian and Archaeological Society* 34, 1934, p. 62-90 (fig. 1 p. 63), une reconstruction de la tente des hommes de troupe par I. A. Richmond.
3. A. von Domaszewski, éd., fig. 6. Aucune échelle n'est donnée pour cette figure, où chaque tente (10 pieds) occupe 6,5 mm. de long et chaque espace intermédiaire (2 pieds) 1,5 mm. A. von Domaszewski, *Kastelle*, fig. 1, où la longueur totale de l'*hemistrigium* est de 118 pieds, comme le remarque justement R. Schneider dans son compte rendu de ce livre, in *Göttingische gelehrte Anzeigen*, 1908/1910, p. 854.
4. Cette disposition n'est pas celle qu'indique Hygin avec les mots *contrariae tendent*. Cf. *infra*, § 25 et fig. 3.
5. J. Mac Intyre et I. A. Richmond, *op. cit.*, p. 63 et 65-66.

ments de deux centuries sont adjacents, celles-ci campent face à face, *contrariae*, et il se crée une voie de 12 pieds (§ 1) : la commodité des soldats exigerait, semble-t-il, que les lignes de tentes bordent cette voie et que par conséquent, pour une centurie, on ait, en allant du centre vers le fond de l'emplacement, la séquence : espace libre (= moitié de la voie) — tentes — armes — bêtes de somme. Les fouilles des camps permanents, Novaesium, Lambèse, Carnuntum, Lauriacum, Inchtuthil, ont cependant montré que les chambrées des casernements comportent, en règle générale, deux parties : une partie antérieure plus petite et une partie postérieure plus spacieuse. L'interprétation évidente est que la partie postérieure sert de chambre alors que l'autre sert à entreposer les armes et les effets personnels des soldats. Par analogie, les divers éléments du campement d'une centurie légionnaire se répartiront selon la séquence : espace libre — bêtes de somme — armes — tentes. Cette disposition répond du reste à une certaine nécessité pratique : en cas d'attaque de nuit, les soldats sortent de la tente et prennent leurs armes dans le même mouvement vers l'extérieur[1].

25. Lorsque deux centuries campent face à face, les deux lignes de tentes occupent donc les deux lignes de fond des demi-bandes et la voie de 12 pieds se trouve au centre de l'emplacement (fig. 3). Si l'on considère les schémas d'implantation d'une cohorte (fig. 4), on s'aperçoit que les cen-

1. L'analogie entre la disposition des casernements dans les camps permanents et celle des éléments du campement dans le texte d'Hygin ne doit pas, à notre avis, être poussée trop loin. Dans le camp de Novaesium, C. Könen (in *Bonner Jahrbücher* 111-112, 1904, p. 142) a découvert, devant la façade des casernements, une série de pierres, qu'il interprète comme les supports de poteaux de bois soutenant le toit d'une galerie et considère que les bêtes de somme étaient parquées sous celle-ci, entre les chambrées et la cour centrale. Bien que cette interprétation soit appuyée par la constatation qu'à cet endroit le sol avait une couleur verdâtre, analogue à celle que prend, dit l'auteur, le sol en terre battue des étables mal tenues, elle semble être surtout guidée par le souci d'appliquer exactement le texte d'Hygin à la découverte. Néanmoins, la présence à Inchtuthil de fosses à ordures devant les chambrées (*J. R. S.* 43, 1953, p. 105) montre que, dans les camps permanents, le souci de l'hygiène n'était pas poussé à un point tel que cette explication soit à exclure. Cette particularité du camp d'Inchtuthil est un argument supplémentaire en faveur de la disposition des divers éléments sur la largeur de l'*hemistrigium* telle que nous l'avons indiquée, avec les bêtes de somme devant les tentes.

turies ne peuvent pas toujours être ainsi disposées : cette organisation face à face n'est donc qu'occasionnelle[1]. Les corrections des éditeurs au § 1 pour donner un sens à l'expression obscure *quoniam cum compraetenderet*[2] font de cette disposition une organisation permanente ; nous avons donc corrigé en *quoniam, cum contrariae tendent*, expression qui traduit à la fois la disposition face à face des cohortes et son caractère occasionnel.

Campement des auxiliaires. **26.** L'emplacement de chaque unité auxiliaire étant défini comme nous l'avons montré plus haut[3], on regrettera le manque presque total de précisions sur l'aménagement intérieur des bandes. Il est bien évident, en effet, qu'un fantassin auxiliaire ne séjourne et ne dort pas effectivement sur une surface de 36 cm. sur 9 m. (6/5 × 30 pieds). Ces soldats, comme les légionnaires, dressaient des tentes...

Domaszewski a tenté de déterminer, avec les rares indications d'Hygin, l'organisation interne des bandes où campent les corps auxiliaires, et est revenu sur ce problème dans un article ultérieur[4]. Il a ainsi tenté de donner une explication à l'ajout de la cinquième partie au pied pour le fantassin, aux deux pieds et demi pour le cavalier. Pour lui, les tentes des fantassins sont de même taille que celles des légionnaires, 10 × 10 pieds, mais abritent 10 hommes : chaque homme reçoit donc un pied ; comme entre chaque tente existe un espace de deux pieds — l'*incrementum tensurae* des tentes des légionnaires au § 1 — chaque homme « reçoit » en plus deux dixièmes, soit un cinquième de pied. La demi-

1. A. Gemoll, *Die Hyginische Lagerbeschreibung*, in *Hermes* 14, 1880, p. 247-256 (p. 251, n. 2).

2. R. H. Schele et W. Gemoll : *quoniam coniuncti tendunt* ; A. von Domaszewski : *quoniam cum compare tendent* (correction de Mommsen). Domaszewski, après sa visite sur le site de Masada, a bien proposé de lire *quoniam contrariae tendent* (*Die Principia des römischen Lagers*, in *Neue Heidelberger Jahrbücher* 9, 1899, p. 141-163 (p. 147) ; article réimprimé dans *Aufsätze zur römischen Heeresgeschichte*, Darmstadt, 1972). Mais c'est aussi admettre que deux centuries campent toujours face à face ; Domaszewski est du reste revenu sur cette correction et redonne le texte de son édition dans *Kastelle*, p. 3.

3. Cf. *supra*, §§ 17, 19-20.

4. A. von Domaszewski, éd., p. 43 et 49-52 ; *Kastelle*.

bande dans son ensemble est, bien sûr, organisée comme celle des légionnaires.

Pour les cavaliers, Domaszewski suppose un autre modèle de tente, large de 6 pieds, long de 10 pieds et abritant 6 hommes ; entre chaque tente est réservé un espace de 6 pieds de large sur 5 pieds de long pour les armes ; toute la place qui n'est pas occupée par les tentes et l'espace nécessaire à la circulation, soit 18 pieds sur la largeur de la demi-bande, est utilisée pour le logement des chevaux. Cela suppose que le cavalier auxiliaire ne reçoit effectivement et n'occupe au sol que 2,5 pieds (soit les deux longueurs de la tente et de l'espace pour les armes divisées par le nombre de soldats, 10 + 5 : 6) — alors qu'Hygin dit expressément qu'il « reçoit », *accipit*, 3 pieds (§ 34) — le demi-pied correspondant à la cinquième partie ajoutée étant affecté au campement du décurion.

27. Ces explications ingénieuses se heurtent cependant à de trop nombreuses difficultés pour être adoptées. En premier lieu, elles méconnaissent la véritable nature de l'*incrementum tensurae* en en faisant l'équivalent de la cinquième partie ajoutée à la mesure de base que reçoit le fantassin ou le cavalier et en donnant à celle-ci deux rôles bien différents. Pour les fantassins, elle sert à ménager un espace vide sans utilité apparente, mais pour les cavaliers, elle sert à dégager un espace pour placer le décurion : rien n'est donc prévu pour le montage de la tente des cavaliers. Si l'on ajoute deux pieds à la longueur de cette tente en respectant la reconstruction générale de Domaszewski, cela diminue singulièrement — des deux cinquièmes — l'espace réservé aux armes.

D'autre part, cette explication ne s'accorde pas avec le nombre de tentes indiqué par Hygin ou supposé par Domaszewski précisément pour les unités d'infanterie auxiliaire ; Hygin indique que la cohorte à pied milliaire dresse 100 tentes, dont 10 sont occupées par les centurions (§ 28) : on ne peut, en admettant la reconstruction de Domaszewski, placer que 900 hommes dans les 90 tentes restantes. De même, en accordant 76 tentes à l'ensemble des fantassins de la cohorte montée milliaire comme le fait Domaszewski, on ne peut répartir également celles-ci entre 10 centuries[1].

1. Cf. *infra*, § 74.

Afin de résoudre ces difficultés, il faut faire appel à de nouvelles hypothèses[1].

Pour les cavaliers, l'interprétation repose en partie sur la manière de comprendre et de corriger la fin du § 16, question sur laquelle nous reviendrons à propos du campement et de l'effectif de l'aile milliaire[2]. Néanmoins, il faut observer immédiatement que les arguments employés par Domaszewski concernent tantôt l'aile milliaire, tantôt la cavalerie de la cohorte montée, dont les statuts (nombre de soldats dans chaque turme, place dans la hiérarchie des corps) et par voie de conséquence la manière de camper sont sans doute différents ; d'autre part, la détermination de la largeur de la tente repose sur un certain nombre d'idées qui ne sont que des hypothèses, en particulier sur le nombre total de chevaux possédés par les cavaliers de la cohorte milliaire ; quant à sa longueur de 10 pieds, elle est tirée de « l'exemple des fantassins et de la nature de la chose ». Enfin, Domaszewski aboutit, pour la turme de l'aile milliaire, à un campement où la tente du décurion ne se distingue pas de celle des hommes de troupe[3] ; or, l'expression *laxius tendere*, que nous retrouvons au § 16, ne signifie pas « être seul » ou « être moins nombreux sous une même tente », mais « disposer autour de sa tente de plus d'espace », comme le montrent les emplois de l'expression au § 7 et au § 40 et, au § 7, la formule *propensius tendere*, qui n'est qu'un doublet stylistique de la précédente.

28. Il nous paraît donc vain de tenter ainsi de reconstituer d'une manière précise le campement des troupes auxiliaires à partir des trop rares indications d'Hygin. Nous pouvons simplement constater que celui-ci effectue ses calculs à partir d'effectifs globaux, en ne tenant pas compte de la répartition nécessaire en centuries et en turmes qui seule permettrait des conclusions acceptables. La seule conclusion que nous pouvons valablement tirer — qui pourra certes paraître vague — est que ces troupes sont logées avec moins de précision que les légions et qu'elles le sont sans doute moins bien.

1. A. von Domaszewski, éd., p. 51 pour la cohorte à pied, p. 50 pour la cohorte montée, reconnaît ces difficultés. Dans *Kastelle*, p. 6-7, il admet un chiffre de 800 hommes pour l'infanterie de la cohorte montée, mais reconnaît que le nombre de tentes qu'il lui assigne, 78, n'est pas suffisant.

2. Cf. *infra*, §§ 63-64.

3. A. von Domaszewski, éd., fig. 6 ; *Kastelle*, fig. 3.

La différence essentielle — si l'on nous permet maintenant de formuler quelques hypothèses — entre d'une part l'installation des auxiliaires et celle des légionnaires, d'autre part celle des ailes et celle des cohortes réside peut-être tout autant dans la manière de camper des gradés que dans celle des hommes de troupe ; les centurions légionnaires disposent peut-être d'un espace plus grand, donc d'un isolement meilleur, que les décurions d'aile, ceux-ci étant à leur tour un peu mieux séparés de leurs hommes que les centurions et décurions des cohortes. Peut-être également, les effectifs de ces troupes sont-ils dans la réalité très fluctuants et peuvent-ils être parfois très éloignés de leurs effectifs nominaux, ce qui expliquerait la nécessité pratique des deux méthodes de calcul que nous avons pu distinguer. Hygin, dans le camp qu'il reconstruit, ne considère que des troupes correspondant à leur définition exacte, mais il ne fait là que prendre un exemple et se meut, pourrions-nous dire, dans le domaine de la théorie.

B. — Les troupes légionnaires.

La légion. **29.** Les légions sont caractérisées par Hygin comme « les corps de troupes provinciaux les plus sûrs » (§ 2). Cette indication s'accorde bien avec ce que nous savons du recrutement de ce corps à partir de la moitié du Ier siècle, puisque c'est à cette époque que les habitants de l'Italie ont été exclus du service légionnaire régulier[1]. Elles sont ainsi opposées aux prétoriens, originaires, eux, de la péninsule, et Wilmanns[2] a rapproché notre texte de Tacite (*Hist.* 2, 21, 7), où légions de Germanie et cohortes prétoriennes s'invectivent pendant le siège de Plaisance : *illi ut segnem et desidem et circo ac theatris corruptum militem, hi peregrinum et externum increpabant*, « ils s'injuriaient réciproquement, se traitant d'un côté de mous, fainéants, soldats corrompus par le cirque et les théâtres, de l'autre de pérégrins et étrangers ».

30. La plus petite unité de la légion est la centurie (§ 1),

1. Th. Mommsen, *Conscriptionordnung*, p. 1-23 ; G. Forni, *Il reclutamento delle legioni*, Milan, 1953.

2. G. Wilmanns, *Exempla inscriptionum latinarum*, Berlin, 1873, au n° 1495 (*C. I. L.* V, 923).

qui compte 80 hommes auxquels s'ajoute le centurion commandant l'unité. Chaque nuit, 16 hommes sont détachés pour monter la garde. Le nombre peut paraître excessif, puisqu'il constitue le cinquième de l'effectif ; il ne peut cependant être repoussé, la centurie ne dressant que 8 tentes. De plus, le papyrus *PSI* XIII 1307 (= R. O. Fink, *Records*, n° 51) indique que 88 légionnaires appartenant peut-être à la *XXII Deiotariana* sont employés comme *uigiles* : *uigiles a[d]nomen recognitos in* [ ]*bassus* (*centurio*) *n[u]mero lxxxviii ex* [*eis?*... (col. ii, l. 15-16). Or, il semble probable que ce texte se rapporte non pas à une légion tout entière, mais à une cohorte seulement[1]. Nous aurions donc dans les deux textes approximativement le même nombre de soldats d'une même unité détachés pour un service nommé *uigilia* (88 dans *PSI* XIII 1307 ; 96 = 16 × 6 dans Hygin). Il est vrai que le papyrus concerne, semble-t-il, un service de jour où les différents postes sont sans doute plus nombreux et plus variés que pendant la nuit, mais Hygin parle d'un camp de marche, donc d'une armée en campagne qui doit s'entourer de précautions accrues.

31. La cohorte légionnaire, campée sur un seul rang, occupe un emplacement de 720 pieds ; une centurie en occupant 120, on en déduit facilement qu'une cohorte comprend 6 centuries. Son effectif réel sera donc de 480 hommes, mais son effectif théorique pour le calcul de l'emplacement est de 600[2]. La description plus détaillée des cohortes, qui se trouvait dans le début de l'ouvrage, manque ; en particulier le nombre de cohortes formant la légion n'est pas indiqué dans notre texte.

Les historiens de l'armée romaine regretteront surtout l'absence de renseignements supplémentaires sur l'organisation de la cohorte première. La seule indication claire concerne son effectif, qui est double de celui des autres cohortes : il sera donc de 960 hommes. Dans le décompte des fantassins campant dans la prétenture ou les côtés du prétoire, la cohorte première sera comptée pour 1200 hommes. Mais nous ne savons pas comment était obtenu ce doublement de l'effectif, si toutes les centuries de la cohorte première avaient le même effectif et quel était leur nombre ; il semble, d'après les emplacements donnés comme exemples par Hy-

1. R. O. Fink, *Records*, p. 198.
2. Cf. *supra*, § 21.

gin, qu'elles aient été au nombre de 6, comme dans les autres cohortes ; mais rien ne le prouve formellement.

32. Les cohortes légionnaires sont établies dans le camp autour du rempart[1] ; leur schéma d'implantation varie avec la longueur à donner au périmètre du camp, mais selon des règles fixes. Hygin indique au § 2 : « Une cohorte campant sur un seul rang occupe 30 pieds sur 720 ; dès lors, quand on augmentera la largeur dans une certaine proportion, on diminuera la longueur dans la même proportion. » Augmenter la largeur dans une certaine proportion, c'est la multiplier par 2, 3, 4[2]. On obtiendra donc, pour l'emplacement de la cohorte, des rectangles de 30 sur 720 (schéma A), 60 sur 360 (schéma B), 90 sur 240 (schéma C), 120 sur 180 (schéma D)[3] ; on note immédiatement que dans le schéma D, les demi-bandes de 120 pieds de long ont une orientation perpendiculaire à l'orientation générale de l'emplacement de la cohorte, alors que dans les autres schémas, ces deux orientations sont identiques.

Mais si, dans ce rectangle de 120 sur 180, on donnait aux demi-bandes une orientation identique à celle de l'emplacement, on ne pourrait en créer que quatre et deux centuries devraient camper sur deux demi-bandes de 60 pieds de long (fig. 5, schéma E). Ce n'est pas là le campement normal, d'autant plus que la présence de la tente du centurion y empêche toute symétrie. Cette solution est donc à exclure.

33. Dans l'énumération des différents emplacements, Hygin considère successivement les schémas D, C, B ; en effet, de cette manière, la longueur du terrain occupé par une cohorte le long de l'*interuallum* augmente, et par conséquent augmente également le périmètre du camp et sa surface : il sera donc possible d'y accueillir plus de troupes de renfort. Passer d'un schéma à un autre, de longueur différente mais d'orientation identique, c'est « allonger l'emplacement », *pedaturam extendere.*

1. § 2 : *legiones ad uallum tendere debent, cohortis circa uallum crebrius ponere* ; § 41 : *cohortes circa uallum aliter tendent.*

2. Multiplier la largeur par 5 amènerait à la forme carrée de 150 sur 150, rejetée par Hygin car « l'emplacement de la cohorte serait dégarni d'un côté ». Cf. schéma F, fig. 5.

3. Les indications « schéma A », « schéma B »... renvoient aux croquis de la fig. 4.

34. Mais si le nombre de troupes de renfort est moindre, la surface du camp risquerait d'être en partie inoccupée : il faut réduire le périmètre du camp, donc la longueur occupée par une cohorte le long de l'*interuallum.* Cette opération est impossible en gardant la même orientation des demi-bandes qui, alors, n'auraient plus 120 pieds de long[1] : on change donc l'orientation des demi-bandes à l'intérieur des schémas obtenus, dont l'orientation générale est elle-même perpendiculaire à celle des schémas de la première série (schémas A', B', C', D'). Ainsi, alors que dans la première série les enseignes (côtés de l'emplacement parallèle à l'*interuallum*) ont une longueur supérieure à celle du fond, dans la seconde série, c'est le fond qui est le plus long : *quod fuerit signis, tabulino erit* (§ 2) ; c'est ce qu'Hygin nomme « opérer une conversion de l'emplacement », *conuertere pedaturam.* Mais l'implantation des centuries à l'intérieur des emplacements de la cohorte est la même que précédemment ; en particulier, l'organisation des lignes de tentes n'est pas modifiée, comme elle l'aurait été si l'orientation première des demi-bandes avait été conservée. Tel est le sens que nous donnons à l'expression : *nec hemistrigia mutabimus ratione tensurae suae* : la conversion de l'emplacement n'entraîne aucun changement dans l'organisation intérieure des demi-bandes[2].

35. Là encore, on note que les demi-bandes du schéma D' sont perpendiculaires à l'orientation générale de l'emplacement de la cohorte et on peut se demander pourquoi l'auteur n'a pas signalé les deux anomalies des schémas D et

1. On aboutirait, dans ce cas, à des campements analogues à celui du schéma E, fig. 5.

2. Schele, suivi par les autres éditeurs, avait déjà proposé de lire *semistrigia* dans ce passage ; J. W. Förster, compte rendu de l'édition de W. Gemoll, in *Philologische Rundschau*, 1881, p. 1377, avait, lui, proposé l'interprétation d'ensemble, correcte à notre avis, du passage et conjecturait : *sed semistrigia non mutabimus ; rationes tensurae cuiusque generis subiecimus.* Il propose de nouveau cette lecture dans son compte rendu de l'édition de Domaszewski, in *Neue Philologische Rundschau* 5, 1888, p. 74, et affirme « ne pas comprendre » la phrase telle que l'éditeur l'établit : *hemistrigia mutare ratione tensurae suae.* Mais le *T. L. L.* 8, c. 1725, l. 44 sqq., signale plusieurs emplois de *mutare aliquid aliqua re,* « changer quelque chose sur un point » ; l'expression *ratione tensurae suae* est analogue de *rigore tensurae suae*, au § 14.

D', où l'on pourrait dire que s'opère une conversion uniquement sur les demi-bandes. Il faut remarquer que, dans le camp type de la troisième partie, une seule cohorte utilisera le schéma D, et encore s'agit-il d'une reconstruction et non pas d'une indication formelle d'Hygin[1] ; celui-ci place les cohortes selon les schémas C (§ 32) et B (§ 44). De plus, au § 3, les emplacements doubles de la cohorte première sont obtenus en doublant les mêmes schémas B et C ; pour la cohorte première, en effet, qui campe à l'intérieur du camp, les enseignes désignent le côté court de l'emplacement, qui est parallèle aux voies prétorienne ou principale : le second schéma indiqué, *signis pedes CLXXX*, *tabulino pedes CCXL*, ne peut donc être obtenu qu'en doublant les enseignes de 90 pieds du schéma C. Donc, parmi les emplacements possibles d'une cohorte légionnaire cités par Hygin, certains — schémas A, D, A', D' — ne sont, en fait, que très rarement utilisés, alors que les autres — schémas B, C, B', C' — sont les emplacements réguliers et les plus couramment employés par la cohorte. On conçoit dès lors que l'auteur n'ait pas insisté sur ce qui n'est qu'une anomalie de certains schémas peu courants.

36. Les cohortes premières campent, elles, « en deçà de la voie de couverture », donc à l'intérieur du périmètre délimité par les cohortes légionnaires. Elles sont alignées sur cette voie, soit dans les côtés du prétoire, soit dans la prétenture, et leur emplacement est délimité par celle-ci et une voie de quartier[2]. Cette situation permet d'offrir une protection accrue aux emblèmes des légions, l'aigle et les enseignes ; nous voyons de même dans le papyrus *PSI* XIII 1307, déjà cité, un groupe de légionnaires spécialement affecté à la garde de ces emblèmes, *ad aquilam et signa*. Les enseignes sont celles de la légion tout entière et non pas des enseignes particulières à la cohorte première[3]. Mais il ressort du texte

1. Il s'agit de la cohorte campant en face de la cohorte première, dans la prétenture. L'anomalie du schéma D fait du reste que, dans cette *striga* au sens large, les lignes de tentes de cette cohorte auront la même orientation que celles des autres corps. Cf. *infra*, § 111.

2. § 3 : *per rigorem uiae sagularis* ; § 36 : *uicinaria uia super cohortem primam*.

3. A. von Domaszewski, éd., p. 46 ; idem, *Die Fahnen im römischen Heere*, in *Abhandlungen des Arch. Epigr. Seminars der Universität Wien*, Heft V, 1885, p. 35-56 et particulièrement p. 40, n. 2 ; article réimprimé dans *Aufsätze zur römischen Geschichte*, Darmstadt, 1972.

d'Hygin que chaque cohorte première avait la garde des enseignes de sa légion, qui n'étaient donc pas, dans un camp de marche, réunies près de la voie principale.

Les vexillaires. 37. Ces soldats ne sont sans doute pas constitués en un corps régulier. Hygin, en effet, ne donne pas d'effectif précis et indique simplement qu'ils reçoivent un emplacement identique à celui de la cohorte légionnaire[1]. A chaque légion est rattachée une unité de vexillaires, qui campe dans la bande de la cohorte première, dans la prétenture et dans chaque côté du prétoire (§§ 23-24). Leur effectif irrégulier explique que, dans l'énumération des troupes qui permettront d'établir le camp type (§ 30), on trouve trois légions et 1600 vexillaires, nombre que l'on ne peut répartir également en trois unités.

Se pose surtout, à propos des vexillaires, le problème de leur identification. Schele, Lange et Masquelez[2] veulent les identifier avec les *uexilla ueteranorum*, créés sous Auguste, qui regroupaient les soldats ayant effectué seize ans de service et où ceux-ci effectuaient une période de service de quatre années ; ils nous sont bien connus grâce à de nombreux témoignages tant épigraphiques que littéraires[3]. Mais, sans préjuger de la date à assigner à notre texte, cette formation semble bien avoir été supprimée dès les Flaviens[4]. R. Saxer, à la suite de Domaszewski, y voit des soldats détachés des légions mêmes qui formaient le camp et qui sont affectés, si l'on nous permet un équivalent tiré de nos armées modernes, au « train régimentaire » de l'armée, c'est-à-dire à la surveillance et au service des véhicules à vivres, cuisines, etc..., et, dans le cas précis de l'infirmerie, de l'atelier et, de l'infirmerie pour animaux[5]. Nous ne pensons pas, cependant, contre Domaszewski, que dans le camp, chaque légion ait eu son infirmerie, son atelier et son infirmerie

1. Ceci, quelle que soit la correction adoptée pour la première phrase du § 5. Cf. *supra*, § 21.

2. R. H. Schele, éd., p. 41 ; Chr. C. L. Lange, éd., p. 128 ; M. Masquelez, *Castramétation*, p. 379-381.

3. A. von Domaszewski, *Rangordnung*, p. 78-80.

4. A. von Domaszewski, *Rangordnung*, p. 80 ; E. Bickel, *Das Denkmal der Varusschlacht in Bonn*, in *Rheinisches Museum* 95, 1952, p. 117-119.

5. R. Saxer, *Untersuchungen zu den Vexillationen des römischen Kaiserheeres von Augustus bis Diokletian — Epigraphische Studien I*, Köln, 1967, p. 126 ; A. von Domaszewski, éd., p. 48-49.

pour animaux[1], et l'on comprendrait mal, dans ce cas, pourquoi ces vexillaires ne seraient plus sous l'autorité du légat de leur légion, *quod legatus eorum pariter non sit* (§ 5).

Ces soldats sont donc, bien plutôt, identiques aux soldats des vexillations de combat, formation bien connue elle aussi[2], détachement tiré d'une légion en garnison loin du champ des opérations et venant renforcer l'armée en campagne. Dans ce cas, le fait que le légat de la légion à laquelle ils sont rattachés « n'ait pas la même autorité sur eux » que sur ses troupes serait un témoignage de l'attachement personnel des légionnaires à leur chef habituel.

38. Quoi qu'il en soit, on comprend mal la mention : *causa impedimentorum*, qui peut se rapporter soit à ce qui précède : *uexillarii legionum eandem pedaturam accipere debent quam cohors legionaria ... causa impedimentorum*, soit à ce qui suit : *causa impedimentorum tendere debent in praetentura...* ; dans le premier cas, la présence d'*impedimenta* explique qu'on leur accorde un emplacement plus grand que ne l'exige leur effectif, dans le second, elle exige une protection accrue. Domaszewski choisit la seconde solution, car il considère que l'atelier et les deux infirmeries constituent ces *impedimenta*[3] ; on peut penser plus simplement qu'il s'agit bien de bagages, dont cette troupe, qui est en garnison loin du champ des opérations, est encombrée plus que les légions.

C. — La partie médiane.

Le prétoire. 39. L'emplacement nommé prétoire est situé au centre de la partie médiane, qui n'est nommée que par rapport à lui. C'est donc bien le centre vital du camp, qui fait face à la porte prétorienne. Ses dimensions sont assez importantes, puisque la largeur varie de 160 à 220 pieds (48 à 66 m.) pour une longueur qui semble fixe de 720 pieds (216 m.). Sans que ceci soit dit explicitement, il ressort du texte d'Hygin que la tente du général en chef, qui est sans doute l'empereur lui-même, se trouve dans cet emplacement. Quelle place occupait exactement cette tente, quelles étaient ses dimensions, n'y avait-il là qu'une tente unique

1. Cf. *infra*, §§ 58 et 104.
2. R. Saxer, *op. cit.*, nos 1-108 ; p. 118-125.
3. Mais traduit « Wegen der Impedimenta »... !

ou plusieurs tentes aux destinations multiples? Autant de questions que le texte laisse sans réponse. Les principaux renseignements que nous possédons concernent surtout la partie antérieure du prétoire, qui n'était donc pas entièrement recouvert de tentes.

40. On trouve, en effet, dans cette partie antérieure les autels, l'*auguratorium* et le tribunal. Ces deux constructions se trouvent « près de la voie principale » (§ 11) ; nous pouvons donc penser que les autels prennent place non loin de là. Le texte : *aris institutis in formam partis imae* a paru insoutenable aux éditeurs qui ont proposé, W. Gemoll *in fori parte ima*, Domaszewski *in foro partis imae*, créant ainsi dans le camp d'Hygin un forum que nous ne trouvons nulle part ailleurs mentionné dans le texte[1]. Domaszewski est du reste revenu sur cette interprétation, reconnaissant que rien ne justifiait la correction, et a proposé de lire *in praetorii parte ima*[2], texte adopté dans l'édition de A. Grillone. Or le génitif *praetorii* se trouve exprimé trois mots plus loin et une telle répétition de termes n'est pas dans les habitudes d'Hugin. Si l'on veut bien considérer qu'au § 22 l'expression *pars ima* ne peut désigner que la dernière partie du livre[3] et que les croquis qui devaient accompagner notre texte se trouvaient regroupés à la fin de l'ouvrage[4], on ne verra pas de difficulté majeure à donner à *forma* le sens normal de « plan », « figure », et à comprendre l'expression *in formam partis imae*, « suivant le plan donné plus bas ». Il reste néanmoins, comme le souligne Domaszewski[5], que les reliefs de la colonne Trajane montrent que les autels se trouvent devant la tente du général en chef, donc dans la partie antérieure du prétoire.

41. A l'intérieur de l'emplacement du prétoire et tout

1. A. von Domaszewski, éd., p. 54-55.
2. A. von Domaszewski, *Die Religion des römischen Heeres*, in *Westdeutsche Zeitschrift für Geschichte und Kunst* 14, 1895, p. 1-124 (p. 8 et n. 2) (article réimprimé dans *Aufsätze zur römischen Heeresgeschichte*, Darmstadt, 1972). L'auteur ne fait en cela que reprendre une indication de J. W. Förster dans son compte rendu de l'édition du même Domaszewski, in *Neue Philologische Rundschau* 5, 1888, p. 75.
3. *munitionem castrorum... breuiter in parte ima exponam.*
4. § 2 : *in modum formae subiectae ; cuiusque generis formam subiecimus ; sicut forma subiecta est.*
5. A. von Domaszewski, *op. cit.*, n. 34 et 35, p. 9.

près de la voie principale se trouvent à droite l'*auguratorium*, à gauche le tribunal. Comme l'établit Domaszewski après une visite sur le site de Masada[1], « droite » et « gauche » doivent s'entendre pour un observateur placé dans la prétenture et regardant le prétoire. L'*auguratorium* est l'endroit où avait lieu la prise d'auspices ; celui de Masada paraît assez vaste. Le texte d'Hygin fournit le seul exemple de ce mot dans ce sens connu par le *T. L. L.* ; Tacite (*Ann.* 2, 13 ; 15, 30) et Quintilien (*Inst.* 8, 2, 8) connaissent le mot *augurale*. Le tribunal, petite tribune aux harangues, est, lui, mieux connu et le mot plus souvent attesté.

42. Au milieu de l'entrée du prétoire se trouve le point appelé *groma* ; il est important, car c'est à partir de lui que l'arpenteur trace les deux perpendiculaires qui permettent l'établissement du camp[2]. Hygin donne deux étymologies au nom de ce point : la seconde est tirée du nom même de l'instrument servant aux visées. La première est une étymologie phonétique, tirée de la ressemblance du nom *groma* et du verbe *congruere* : *gromae locus appellatur quod turba ibi congruat.* Domaszewski, approuvé par W. Gemoll[3] et le *T. L. L.*, a corrigé en *quod uiae ibi congruant*, en s'appuyant sur un passage de Nonius (p. 63 M) : *grumae sunt loca media in quae directae quattuor congregantur et conueniunt uiae*, « les *grumae* sont les lieux médians où se rassemblent et se rejoignent quatre voies en ligne droite ». De fait, malgré les 18 m. de largeur de la voie principale et de la voie prétorienne, l'espace en face du lieu appelé *groma* semble étroit pour que toutes les troupes qui composent le camp puissent y trouver place. Cependant, on voit mal quelle serait l'utilité du tribunal si les troupes ne venaient pas se rassembler près de l'entrée du prétoire pour y entendre les harangues du général ; le mot *turba* donne, de plus, l'idée d'une foule pressée, au coude à coude, occupant donc un espace moindre que les troupes alignées. Le traité *De limitibus constituendis* (Hyg., *Lim.*, *Grom.* p. 180) indique du reste que « dans le camp on place l'équerre ... pour qu'on

1. A. von Domaszewski, *Die Principia des römischen Lagers*, in *Neue Heidelberger Jahrbücher* 8, 1899, p. 141-163 (p. 142-143).

2. Cf. *supra*, § 9.

3. W. Gemoll, compte rendu de l'édition de Domaszewski, in *Berliner Philologische Wochenschrift* 8, 1888, p. 688.

s'y rassemble comme au forum », *in castris groma ponitur... qua uelut ad forum conueniatur*[1].

La relecture — il conviendrait de dire plutôt « la lecture » — de l'inscription figurant sur le bâtiment communément appelé jusqu'ici *praetorium* du camp de Lambèse a montré que ce bâtiment, entrée monumentale des *principia* du camp où se croisent la voie prétorienne et la voie principale, était en réalité nommé *groma*[2]; de même, le papyrus de Dura *PDur.* 107 (= R. O. Fink, *Records*, nº 15) montre que des soldats étaient affectés à la garde d'un point (simple lieu géométrique ou bâtiment?) appelé *groma.* L'utilisation du mot dans un sens dérivé de « bâtiment » ou de « lieu » est donc désormais bien assurée.

43. Le *posticum praetorii* dont parle Hygin aux §§ 18 et 19 n'est pas une partie du prétoire, comme le veulent Domaszewski et à sa suite. A. Grillone[3], mais simplement le côté postérieur de l'emplacement, protégé par les centuries de gendarmes.

Le piquet de garde. 44. Le prétoire est également protégé sur les deux côtés par un piquet de garde, qui reçoit un emplacement large de 20 pieds (6 m.) sur toute la longueur du prétoire. Il n'y a pas de raison de supposer, comme le font Domaszewski et A. Grillone[4], que le piquet de garde n'est placé que sur un côté du prétoire : au contraire, l'arrière de celui-ci étant protégé par deux centuries de gendarmes, campant chacune sur un côté du *quaestorium*, il semble plus logique d'ad-

1. Les *principia* étant la partie centrale de la *uia principalis* (cf. l'ouvrage de R. Fellmann cité dans la note 1, p. 28), la situation de ce point nommé *groma*, « au milieu de l'entrée du prétoire », peut être également caractérisée par les mots : « sur la limite postérieure des *principia* et au milieu de celle-ci »; or les textes rassemblés par R. Fellmann, p. 82-83, montrent que, dans les camps de marche, les punitions, les appels, les *allocutiones* avaient lieu dans les *principia.* C'est à nos yeux une raison supplémentaire de conserver le texte *quod turba ibi congruat.*

2. H. G. Kolbe, *Die Inschrift am Torbau der Principia im Legionslager von Lambaesis*, in *Römische Mitteilungen* 81, 1974, p. 281-300. L'inscription indique : *Im*]*p*(*erator*) [*C*]*aesar P*(*ublius*) *Licinius Egnatius Ga*[*llien*]*us ... gromam ...* [*... restituit*] (*C. I. L.* VIII, 2571 = 18057).

3. A. von Domaszewski, éd., p. 54 et planche II ; A. Grillone, éd., fig. 8. Cette figure indique un *tabernaculum* bien étranger à notre texte.

4. A. von Domaszewski, éd., p. 65. A. Grillone, éd., fig. 8. Cf. *infra*, § 101.

mettre également la présence de deux piquets, chacun sur un côté du *praetorium* ; la tente de l'empereur est ainsi véritablement entourée de soldats attachés à sa sécurité, surtout pendant la nuit. Aucun corps particulier ne semble avoir été chargé d'occuper ces emplacements, où les différentes unités devaient se relayer pour protéger le général en chef. On peut penser qu'une partie des nombreux légionnaires détachés des centuries étaient affectés à ce poste.

L'état-major. **45.** L'état-major de l'armée en campagne comprenait sans doute les légats de légion, les tribuns des cohortes prétoriennes, peut-être les tribuns de légion, auxquels s'ajoutaient trois catégories d'officiers chevronnés et de conseillers militaires : les primipilaires, les évocats et les compagnons de l'empereur.

Les primipilaires sont, comme leur nom l'indique, d'anciens centurions primipiles sortis de charge que leur qualification exceptionnelle faisait affecter au quartier général, à Rome ou près d'une armée[1]. Nous les connaissons d'autre part par quelques inscriptions et surtout par Tacite. Selon la formule de M. Durry, « ces prétoriens d'origine... ont constitué un noyau de gradés éprouvés que l'on réservait à des missions imprévues ».

Les évocats constituent un groupe particulier, et les savants ne s'accordent pas sur leur situation administrative[2]. Ce sont, dit M. Durry, « des prétoriens choisis parmi les *principales* les plus élevés, qui ... avaient la joie d'échapper à la limite d'âge et de ne pas voir la carrière se fermer devant eux ; ils ne recevaient pas l'*honesta missio* mais devenaient évocats, ils le restaient sans terme fixe » et il les définit comme des « sous-officiers aux fonctions multiples, irremplaçables instructeurs de l'armée provinciale ».

Que les évocats aient été d'anciens prétoriens et que les primipilaires — même si l'on n'admet plus aujourd'hui que les centurions primipiles aient été choisis presqu'exclusivement parmi les prétoriens[3] — soient en grande partie des prétoriens d'origine et en tout cas des centurions de haut rang justifie leur campement à l'intérieur des bandes des cohortes prétoriennes (§ 6). Ils sont désignés globalement, au § 7, comme des *officiales*, membres de l'*officium*[4].

1. A. von Domaszewski, *Rangordnung*, p. 116-117 ; M. Durry, *Cohortes*, p. 21-22.
2. A. von Domaszewski, *Rangordnung*, p. 75-78 et XIX-XX ; M. Durry *Cohortes*, p. 117-126.
3. A. von Domaszewski, *Rangordnung*, p. XXVI-XXVII.
4. A. von Domaszewski, *Rangordnung*, p. 101. Autre interpréta-

Les compagnons de l'empereur étaient des personnages de très haut rang, généralement sénateurs, choisis par l'empereur en raison de leur compétence, et sans doute aussi d'affinités personnelles. Ils formaient à Rome un conseil privé de l'empereur qu'ils accompagnaient dans ses déplacements et, nous le voyons ici, pendant les campagnes. Le plus célèbre de ces « compagnons » est le futur empereur Hadrien, dont l'inscription *C. I. L.* III, 1, 550 nous apprend qu'il fut le questeur de Trajan et son compagnon dans la campagne de Dacie : *quaestori imperatoris Traiani et comiti expeditionis Dacicae*[1]. Le préfet du prétoire, qui n'est pas un « compagnon de l'empereur », mais qui a atteint le plus haut rang dans la carrière militaire, campe dans le même emplacement.

Les fonctions des primipilaires, des évocats et des compagnons dans l'état-major de l'armée explique leur place toute proche du prétoire, donc de l'empereur[2].

Les cohortes prétoriennes. 46. Elles campent, elles aussi, dans les côtés du prétoire, ce qui n'est pas pour étonner puisque ces troupes accompagnent l'empereur dans tous ses déplacements. Hygin est bref à leur propos, indiquant simplement leur place dans le camp et qu' « elles doivent recevoir un emplacement double, car elles utilisent des tentes plus grandes » : rien sur leur organisation, le nombre de centuries, etc... Le seul renseignement que l'on puisse tirer du texte concerne leur effectif. Une cohorte prétorienne reçoit « un emplacement double » qui, d'après les expressions d'Hygin aux §§ 3 et 5 à propos des cohortes premières et des vexillaires, ne peut être qu'un emplacement double « de celui d'une cohorte légionnaire ». Ce doublement étant dû au modèle particulier des tentes et non pas, comme pour la cohorte première, à un effectif double, le seul effectif que l'on puisse attribuer à la cohorte prétorienne est celui de la cohorte légionnaire, soit 480 hommes. Domaszewski, en lui attribuant 600 hommes[3], prend en considération l'effectif « théorique » utilisé pour le calcul des emplacements. Il

tion du terme par le même dans son édition p. 65, et dans son plan du camp-type (planche II), interprétation adoptée par A. Grillone, éd., p. XVI.

1. R. Seeck, art. *Comites*, in *R. E.* IV, c. 626-628 ; A. von Domaszewski, *Rangordnung*, p. 184.

2. Cf. *infra*, § 101, pour leur emplacement et leur répartition dans le camp type.

3. A. von Domaszewski, éd., p. 53.

faut remarquer que cet effectif ne comprend cependant que les fantassins des cohortes prétoriennes[1].

Les cavaliers prétoriens et les cavaliers d'élite de l'empereur. 47. Nous analysons ensemble ces deux corps différents, car ils sont en fait intimement liés l'un à l'autre par Hygin et les problèmes qui se posent à propos de chacun d'eux sont semblables.

Les cavaliers prétoriens sont des gradés des cohortes prétoriennes, placés sur le même rang que le *beneficiarus tribuni* ; ils parviennent à ce grade inférieur après quatre à cinq ans de service[2]. Les cavaliers d'élite, eux, sont recrutés parmi les meilleurs cavaliers des ailes, par *adlectio*, c'est-à-dire par choix de l'empereur ou de son représentant. Ce sont donc des cavaliers auxiliaires, recrutés personnellement, d'où leur nom d'*equites singulares*, qui forment une « escorte » de l'empereur[3]. M. Durry dit d'eux qu' « ils sont au prétoire ce que les *auxilia* sont à la légion ». La similitude de leurs fonctions explique qu'Hygin puisse envisager les deux unités en même temps.

Les prétoriens campent sur le côté droit du prétoire, les cavaliers d'élite sur le côté gauche. Hygin caractérise leur campement en employant les mots et expressions *integra striga*, *striga*, *hemistrigium*, dont le sens s'éclaire par le § 9 : il entend par-là soit une bande, de 60 pieds de large, soit

1. M. Durry, *Cohortes*, p. 81-85, cite ce passage d'Hygin, dont il fait la même analyse (p. 85 et n. 4), et conclut : « il en résulte que la cohorte prétorienne avait un effectif semblable à celui de la légionnaire, autrement dit qu'elle était théoriquement une *quingenaria*, avec les écarts d'effectifs inévitables dans la pratique ». Cependant l'analyse des *laterculi* des prétoriens qu'il a effectuée montre bien que la cohorte prétorienne était certes une *quingenaria*, mais une *equitata quingenaria*, donc que les cavaliers sont compris dans le chiffre de 500. Les cavaliers prétoriens sont du reste « mêlés à leurs camarades sur les *laterculi* » (*Cohortes*, p. 99). La concordance entre le texte d'Hygin et les calculs de M. Durry n'est donc pas parfaite. M. Speidel, *Singulares*, p. 13, tire du texte d'Hygin, au terme d'un calcul pour le moins fantaisiste, que la cohorte prétorienne devait être composée de « moins de 768 hommes »; un peu plus bas, reprenant les calculs de M. Durry, il en conclut qu'elle compte environ 600 hommes, dont il faut retirer les cavaliers, parce qu'ils campent à part !, soit environ 100 hommes, et qu'on arrive ainsi à 500 hommes (*Mann* = fantassins?) pour la cohorte prétorienne, « wie sie zu Hygins Lagerbeschreibung passt »... Résultat juste d'un calcul mené de façon singulière.

2. M. Durry, *Cohortes*, p. 99-100.

3. M. Durry, *Cohortes*, p. 29-34 ; M. Speidel, *Singulares*.

une demi-bande, de 30 pieds de large, sur 720 pieds de long, la longueur du prétoire.

48. Nous savons par d'autres témoignages que les deux corps étaient organisés en turmes[1] ; Hygin mentionne effectivement des décurions et des *principales* « qui possèdent chacun deux chevaux », mais ne parle pas de division particulière. Il donne toujours en exemple des effectifs globaux, qui peuvent difficilement être répartis en turmes. On a voulu induire du § 30, où les troupes composant le camp type comprennent 4 cohortes prétoriennes et 400 cavaliers prétoriens, qu'à chaque cohorte prétorienne étaient rattachés 100 cavaliers[2]. On sait, en effet, que ces cavaliers formaient des unités particulières mais étaient administrativement rattachés à une centurie d'une cohorte. Rien cependant dans le texte n'autorise une affirmation catégorique, sinon peut-être, que le second des deux seuls chiffres cités par Hygin pour les cavaliers prétoriens est 300 et peut donc se prêter à une semblable répartition.

49. A la différence, semble-t-il, des cavaliers prétoriens, les cavaliers d'élite peuvent ne pas camper en un seul groupe ; c'est ce qui ressort explicitement du § 7 — 150 cavaliers d'élite sur 600 peuvent aller camper dans la bande des prétoriens — et, croyons-nous, du § 8 : *si DCCC aut DCCCC fuerint, pari numero integris strigis lateribus tendere debebunt* : le pluriel *lateribus* indique que 400 ou 450 cavaliers d'élite campent dans une bande sur chaque côté du prétoire.

Ce dernier nombre de 450 hommes constitue, d'après ces deux passages, l'effectif normal dans une bande de 720 pieds de long. Or si l'on accorde à chaque cavalier 3 pieds, on voit que dans un tel emplacement peuvent camper 480 hommes[3]. C'est cet espace pour 30 cavaliers supplémentaires qui permet aux décurions et aux gradés d'avoir un campement un peu plus confortable : *ita fiet ut ... decuriones et reliqui principales ... propensius tendant* (§ 7).

Les cavaliers d'élite, cependant, dont l'effectif paraît un peu plus fluctuant, peuvent être un peu plus nombreux : ils doivent alors se serrer un peu plus sur le même espace. C'est ce que laisse penser l'expression *striga eis sufficiat*, et nous avons donc corrigé, avec Lange, le manuscrit *si ad nos fuerint* en *si ad D fuerint* (§ 8 fin).

1. M. Durry, *Cohortes*, p. 103 ; M. Speidel, *Singulares*. p. 46.
2. M. Speidel, *Singulares*, p. 13. Cf. *supra*, n. 1, p. 56.
3. Longueur totale disponible : 720 × 2 = 1440 ; 1440 : 3 = 480.

Mais les deux corps peuvent aussi être bien moins nombreux, et une demi-bande peut alors n'avoir à recevoir que 100 à 125 hommes[1] : on transfère alors les cavaliers d'élite dans l'emplacement des prétoriens ; les effectifs qui auraient été dispersés sur quatre demi-bandes sont ainsi regroupés sur une seule bande, qui reçoit donc, selon la dernière indication d'Hygin au § 8 pour les cavaliers d'élite, « près de 500 hommes ». L'espace ainsi libéré sur le côté gauche du prétoire est alors affecté aux membres de l'état-major qui campent d'ordinaire sur le côté droit. C'est du moins de cette manière que nous comprenons la fin du § 7 : *quoniam officialibus lateri dextro proximis ibi pedatura adsignaretur*, en corrigeant le manuscrit *lateri uestro.*

50. Puisque les prétoriens et les cavaliers d'élite peuvent camper ensemble pour former une bande complète, on ne peut supposer, comme le fait Domaszewski, que les cavaliers prétoriens aient eu des tentes plus confortables[2] : l'un et l'autre corps utilisent les mêmes tentes que les cavaliers légionnaires, mais ont l'avantage de pouvoir n'être que 400 par bande.

D. — La prétenture.

Les emplacements des légats et des tribuns. 51. Dans la prétenture[3] campent tout d'abord les légats de légion, les tribuns de cohortes prétoriennes et les tribuns de légion, les premiers et les seconds sur un emplacement immédiatement adjacent à la voie principale, les troisièmes sur un emplacement adjacent au premier, mais placé devant lui par rapport à la porte prétorienne. Ils ne sont donc pas situés très loin du prétoire. L'emploi du mot *scamnum* pour désigner ces emplacements est étrange : en effet, dans le langage des arpenteurs, il désigne une bande de terrain deux fois plus large que longue, par opposition à la *striga*

1. Nous comprenons *ut centenis equitibus hemistrigiis suis laxius tendant* : « ils campent sur chaque demi-bande plus lâchement grâce à une différence de 100 cavaliers », par analogie avec le § 40 : *qui solent et quinquagenis hominibus per strigas strictius seu laxius tendere.* L'effectif normal d'une demi-bande pour ces corps étant de 225 (450 : 2) ou 200 (400 : 2), on arrive au chiffre de 125 ou 100.

2. A. von Domaszewski, éd., p. 53. Cf. M. Speidel, *Singulares*, p. 14.

3. Nous traiterons à part des ailes milliaires et quingénaires, qui peuvent camper soit dans la prétenture, soit dans les côtés du prétoire. Cf. *infra*, §§ 60-66.

qui désigne une bande deux fois plus longue que large[1]. Ici, ces emplacements ont la même orientation que les bandes de la prétenture ; leur nom particulier vient sans doute du fait que leur largeur n'est pas fixe, comme pour les bandes des hommes de troupe, mais varie en fonction du nombre des légions, donc de leurs légats et de leurs tribuns, entre 50 et 80 pieds.

Ces emplacements sont cependant de même surface, en moyenne, que les bandes ; le *scamnum* des légats recevra, dans le camp type, 3 légats de légion et 4 tribuns prétoriens ; celui des tribuns 18 personnes. Ces hauts officiers occupaient donc chacun une vaste surface. Que les préfets des cohortes et des ailes quingénaires, dont on voit mal comment leur attribuer une place avec leurs unités, aient campé dans l'emplacement des tribuns[2] est possible, mais Hygin ne le précise pas, alors qu'il indique pour chaque autre commandant important, préfet du prétoire, préfet d'aile milliaire, où celui-ci doit trouver place.

Les *scamna* des officiers sont tout près des *principia*, qui donnent leur nom à la première grande voie transversale du camp.

Les cavaliers maures et les chasseurs pannoniens. 52. Nous ne connaissons de ces deux corps presque que le nom, *Mauri equites* et *Pannonii ueredarii.* Hygin ne les mentionne pas dans son catalogue préliminaire des différents corps de l'armée et indique simplement au § 24 qu'ils campent dans la prétenture ; nous les retrouvons au § 30 dans l'énumération des unités du camp type, les Maures avec un effectif de 600 hommes, les Pannoniens de 800 hommes. Leur emploi dans l'armée est également noté, d'une façon très claire : ils protègent les soldats de la flotte dans leur travail[3]. Ceux-ci devant précéder l'armée pour préparer le chemin campent donc dans la partie antérieure du camp : les deux corps de cavaliers attachés à leur protection sont également établis dans la prétenture. On rapprochera leur rôle de celui que joue assez souvent la cavalerie de César, qui protège les troupes envoyées hors du camp pour ramasser du fourrage

1. Hyg., *Lim.*, *Grom.* p. 206-207 : *quadraturam dimidio longiorem quam latiorem facere debemus, et quod in latitudinem longius fuerit, scamnum appellare, quod in longitudinem strigam.*
2. A. von Domaszewski, éd., p. 56.
3. Cf. *infra*, § 56.

ou du bois[1]. Est-ce là leur seule fonction dans l'armée? C'est peu probable, mais ce n'est là qu'une hypothèse.

53. Cela posé, ces deux corps sont pour nous très énigmatiques. Ils ne constituent évidemment pas une aile de cavalerie ni une cohorte, et apparemment, on ne peut pas les assimiler aux peuplades, *nationes*, qui apparaissent dans le texte. Les Maures et les Pannoniens campent dans la prétenture, les peuplades dans la rétenture et même à l'arrière de celle-ci, donc pratiquement à l'opposé des premiers ; de même, dans l'énumération du § 30, ils sont nettement séparés des Cantabres, Gétules, Palmyréniens, etc... Mais surtout, Hygin donne pour les peuplades des indications très précises sur le lieu qu'elles doivent occuper à l'intérieur même de la rétenture, sur leur manière de camper, indications qui montrent le caractère bien particulier de ces unités et laissent penser que l'on se défie quelque peu d'elles[2]. Rien de tout cela n'est précisé pour les Maures et les Pannoniens et, en particulier, rien ne fait croire qu'ils fassent l'objet d'une surveillance particulière.

Cependant, ces unités de cavalerie ont en commun avec les peuplades la désignation par leur ethnie : ce sont les seuls corps de l'armée qui soient ainsi nommés. La situation des cavaliers et des chasseurs s'explique facilement par leur fonction particulière et la séparation des deux groupes pourrait bien venir d'une différence toute simple : les soldats des peuplades sont des fantassins, les autres sont des cavaliers ; or la prétenture, mis à part deux cohortes légionnaires, les vexillaires et les soldats de marine, abrite essentiellement les cavaliers auxiliaires des ailes. Une similitude entre cavaliers maures et chasseurs pannoniens d'un côté, peuplades de l'autre, n'est donc pas à exclure.

54. Il resterait à tenter de connaître un peu mieux ces unités. Pour les cavaliers maures, cette tentative aboutira à plus de questions et de négations que d'affirmations. En effet, ils ne sauraient être assimilés aux *equites Mauri* connus par des inscriptions et qui, sous Alexandre Sévère, formaient la garde du corps de l'empereur[3] ; si tel était le cas,

1. Caes., *Gall.* 5, 17, 2 : *cum ... pabulandi causa tres legiones atque omnem equitatum ... misisset.*

2. Cf. *infra*, § 78.

3. A. von Domaszewski, *Rangordnung*, p. 134 et 164. Cf. *C. I. L.* VIII, 20996.

ils auraient dû camper près du prétoire, autour de l'empereur : dans le camp d'Hygin, ils en sont assez éloignés. On ne peut pas non plus les confondre totalement avec les innombrables *numeri* de Maures qui nous sont connus par l'épigraphie[1], puisque ceux-ci portent des qualificatifs précis que nous ne retrouvons pas dans le texte ; ce serait, de plus, les confondre avec les peuplades. Faut-il alors les identifier avec les *equites Afri et Mauri* placés sous le commandement de M. Valerius Maximianus, sous Marc-Aurèle[2]? Cet officier est dit dans une inscription : *missus in procinctu germanicae exped(itionis) ad deducend(a) per Danuuium quae in annonam Panno(niae) utriusq(ue) exercit(uum) denauigarent, praepos(itus) uexillationum clas(sium) praetor(iarum) Misenatis item Rauennatis item clas(sis) Britannic(ae) item equit(um) Afror(um) et Mauror(um) elector(um) ad curam explorationis Pannoniae.* H.-G. Pflaum « imagine que les barques montées par les *classici* étaient escortées sur la rive nord du Danube par des patrouilles de cavalerie légère africaine et maure, des spahis... », et fait référence au texte d'Hygin[3]. Certes, les cavaliers escortent ici aussi des soldats des flottes, mais d'un côté la mission de ceux-ci est bien « navale » alors que pour Hygin, c'est une mission de soldats de génie sur la terre ferme ; les cavaliers de Valerius Maximianus sont choisis, *electi*, pour cette expédition : ce sont des hommes d'élite, pris dans différents corps, qui comportent des Africains : ils ne forment pas habituellement une unité, au contraire, semble-t-il, des cavaliers de notre texte. Ce ne sont donc certainement pas les mêmes hommes, mais nous pouvons retenir que cavaliers maures d'Hygin et de Valerius Maximianus ont en tout cas une mission, et une dénomination, similaires. Les cavaliers maures d'Hygin pourraient enfin être ceux du célèbre Lusius Quietus, qui aida si puissamment Trajan pendant la guerre de Dacie[4] ; mais alors, comment expliquer leur utilisation pour protéger les troupes de génie, qui concorde mal avec ce que nous savons des exploits de ces cavaliers et de leur chef?

55. Les chasseurs pannoniens peuvent sembler d'un abord

1. H. T. Rowell, art. *Numerus*, in *R. E.* XXXIV, c. 2546-2547 : *numerus Maurorum Tibiscensium* (*C. I. L.* III, 1343 ; VIII, 9368) ; *numerus Maurorum Miciensium* (*C. I. L.* III, 6267) ; etc...
2. H.-G. Pflaum, *Deux carrières équestres de Lambèse et de Zama*, in *Libyca* 3, 1955, p. 124-154 (= *A. E.*, 1956, 124).
3. H.-G. Pflaum, *op. cit.*, p. 142. Cf. *infra*, § 143.
4. *D. C.* 68, 32, 4. Références dans H. Callies, *Numeri*, p. 162.

plus facile ; nous connaissons, en effet, d'autres *ueredarii*, courriers de la poste impériale, attestés souvent au Bas-Empire[1]. Mais, manifestement, les Pannoniens d'Hygin n'ont rien à voir avec ces employés du *cursus publicus*, dont on s'expliquerait mal la présence en aussi grand nombre dans une armée en campagne, sinon que les uns et les autres sont montés sur des chevaux rapides. Tel semble bien être, en effet, le sens du mot *ueredus*, emprunté au gaulois[2] et attesté dans la latinité depuis Martial[3]. D'autres *ueredarii* apparaissent également dans des inscriptions plus anciennes[4], où ils sont associés avec des *burgarii* en un *numerus burgariorum et ueredariorum*. Pour M. Labrousse, qui a étudié cette troupe en s'intéressant plus particulièrement aux *burgarii*[5], les *ueredarii* de ces inscriptions ne sont en aucune façon des soldats ; la différence serait donc nette avec les chasseurs d'Hygin qui, eux, ont un caractère militaire indéniable[6]. Mais les *burgarii* — qui, à la différence des *ueredarii*, sont connus par d'autres textes — apparaissent comme « une milice d'État spécialement affectée au *cursus publicus* », c'est-à-dire comme une unité à caractère militaire, mais qui n'était pas combattante, et qui était chargée d'une mission de travail et de police se rapportant aux routes, et plus spécialement aux grandes voies militaires. Nous sommes donc, avec cette troupe, assez près des chasseurs d'Hygin, puisque ceux-ci protègent les soldats « qui construisent les routes ». Des différences existent cependant et il faut les marquer : les *ueredarii* ne sont pas eux-mêmes des ouvriers comme ont pu l'être les *burgarii*, et surtout ils forment une unité combattante. Mais on comprendrait

1. A. Audollent, *Les Veredarii, émissaires impériaux sous le Bas-Empire*, in *M. E. F. R.* 9, 1889, p. 16-278.

2. A. Ernout et A. Meillet, *Dictionnaire étymologique de la langue latine*, 3e éd., Paris, 1951, p. 723.

3. Mart. 12, 14, 1 : *Parcius utaris moneo rapiente ueredo,*
Prisce, nec in lepores tam uiolentus eas.
Il s'agit d'un chasseur, à la monture particulièrement rapide (*rapiens*, « qui dévore l'espace »). C'est cet emploi qui nous a suggéré la traduction de *ueredarii* par « chasseurs », cavalerie légère de nos anciennes armées.

4. *C. I. L.* III, 13795 (138 ap. J.-C.) ; III, 13796 (140 ap. J.-C.). Également *C. I. L.* III, 14216/10 ; XIII, 7439.

5. M. Labrousse, *Les burgarii et le cursus publicus*, in *M. E. F. R.* 56, 1939, p. 151-167.

6. Leur liaison avec les cavaliers maures, dont personne ne songe à nier le caractère militaire, le prouverait suffisamment.

qu'une telle unité puisse être utilisée pendant une campagne.

Pour M. Labrousse, nous l'avons dit, les *ueredarii* des inscriptions ne sont pas des soldats et sont, en fait, distincts des *burgarii*. Même si, dans d'autres textes, les premiers n'apparaissent pas, leur présence commune dans un même *numerus* plaide en faveur d'une similitude plus grande entre ces deux corps et nous verrions volontiers dans ces *ueredarii* de Dacie une formation militarisée au même titre que les *burgarii*. Il reste que comme ceux-ci, ils seraient à la fois différents et proches des chasseurs pannoniens de notre texte.

Les soldats de marine. 56. Eux aussi n'apparaissent dans le texte qu'aux §§ 24 et 30. Comme pour d'autres corps, Hygin ne parle pas de leur organisation particulière ; leur nombre total dans le camp type s'élève à 1300, répartis inégalement entre les marins de Misène (500) et de Ravenne (800). La raison du campement de ces marins transformés en fantassins dans la prétenture réside dans leur fonction de préparer le chemin de l'armée en construisant les routes, c'est-à-dire sans doute en abattant les arbres dans un lieu où le passage est obligé, en construisant les ponts, etc... Cette utilisation des soldats de marine comme unité du Génie n'est pas surprenante. Nous les voyons construire un tunnel près de Saldae sous Antonin, assurer le charroi de pierres pour le forum de la Colonia Ulpia Traiana en 160[1]. L'absence de tout renseignement sur leur organisation intérieure tendrait à prouver cependant que cette fonction au sein d'une armée en campagne est, sinon exceptionnelle, du moins assez rare.

Les éclaireurs. 57. Cette unité, peu nombreuse dans le camp type (200 hommes), évoque pour nous les célèbres scouts de l'armée américaine ; ils ont pour mission de fournir au général en chef des renseignements sur la position, la force et les mouvements de l'ennemi. Comme tels, ils précèdent eux aussi l'armée et campent donc dans la prétenture. Ils sont connus dans l'armée romaine depuis la République, mais c'est sous l'Empire qu'ils sont organisés en troupes permanentes ; on connaît un *numerus exploratorum* en 178.

1. *C. I. L.* VIII, 2728 ; III, 8036. Cf. R. Fiebiger, art. *Epibatai*, in *R. E.* VI, c. 21-28.

Une inscription de découverte récente permet de préciser un peu notre connaissance de ce corps[1]. Il s'agit d'un certain Tiberius Claudius Maximus qui, entré au service comme légionnaire dans les premières années du règne de Domitien, retrace ainsi la suite de sa carrière : *factus dupli(carius) a diuo Troiano in ala secu(n)d(a) Pannoniorum, a quo et fa(c)tus explorator in bello Dacico ... et ab eode(m) factus decurio in ala eade(m)*... Les éclaireurs sont donc des soldats éprouvés, des cavaliers, extraits des corps auxiliaires réguliers ; leur mission de confiance, si elle leur vaut des punitions sévères en cas de faute (*Dig.* 49, 16, 3), les place assez haut dans la hiérarchie, puisque Maximus reste au moins sur le même rang que les *duplicarii alae*[2]. Le texte d'Hygin montre que les éclaireurs constituaient une unité particulière, mais la promotion de Maximus au décurionat de la même aile semble indiquer qu'il a continué à appartenir, au moins administrativement, à son unité d'origine, même lorsqu'il a été nommé *explorator*. La mention *in bello Dacico* et la participation bien connue de l'*ala II Pannoniorum* à la conquête de la Dacie invitent à penser que ces unités d'éclaireurs sont constituées au coup par coup, pour chaque expédition particulière et qu'elles bénéficient pendant la durée de celle-ci d'une certaine autonomie, pour le moins d'une autonomie d'action bien compréhensible.

Notons cependant que rien n'impose de considérer les *exploratores* du texte d'Hygin comme étant spécifiquement des cavaliers, et ce d'autant plus qu'ils sont cités au § 24 à la fin d'une énumération de troupes de fantassins.

Les services de santé et l'atelier. 58. Se posent à propos de ces services techniques de l'armée en campagne — infirmerie, infirmerie pour animaux, atelier pour la réparation des armes, servant peut-être aussi d'entrepôt — les problèmes de leur nombre et de l'emplacement qui leur est accordé.

Hygin, au § 4, leur accorde un emplacement de 70 pieds ; les deux autres indications concernent l'effectif théorique qui sert au calcul de cet emplacement, mais dans les deux

1. M. Speidel, *The Captor of Decebalus. A new Inscription from Philippi*, in *J. R. S.* 60, 1970, p. 142-153 (= *A. E.*, 1969/70, 583).

2. Pour M. Speidel, *op. cit.*, p. 148, Maximus ne précise pas son grade en tant qu'*explorator* parce qu'il a conservé celui qu'il possédait dans l'*ala II Pannoniorum* : il aurait été *duplicarius exploratorum*, sous-chef d'une turme.

cas le texte est corrompu : § 4 : *quorum pedatura in singulas species ad homines et solet computari* ; § 35 : *pedatura ualetudinarii, ueterinarii et fabricae, quae in unum ad do homines computantur.* Toute tentative pour élucider le problème de l'emplacement des services repose donc sur des conjectures. Cependant, l'une d'entre elles semble assurée : celle qui propose de lire pour le dernier passage cité *quae in unum ad DC homines computantur*[1] ; cette correction reste assez proche des lettres du manuscrit et offre un sens satisfaisant, et on peut la considérer comme très probable. Si on l'accepte, il faudra lire au § 4 *ad homines CC*, puisqu'Hygin considère alors chacun des services en particulier, *in singulas species.* Si l'on applique à ces deux chiffres la méthode de calcul d'Hygin, on obtiendra deux « longueurs mesurées en pieds » de 240 et 720, chiffres tous deux très loin du 70 donné par le manuscrit. La correction, à moindre changement, de af Ursin : *CXX*[2], suppose qu'Hygin ait en vue son camp type, où les enseignes de la première bande, dans la prétenture, ont une longueur de 180 pieds ; on aura donc, pour les services, 6 demi-bandes de 30 pieds et une « longueur mesurée en pieds » de 120 (longueur d'une demi-bande) × 6 = 720 pieds[3].

Domaszewski a supposé que chaque légion du corps d'armée possédait une infirmerie, une infirmerie pour animaux et un atelier, car une armée d'environ 40000 hommes n'aurait pu se contenter d'une infirmerie pouvant contenir 200 soldats[4]. De fait, au § 4, Hygin emploie le pluriel *ualetudinaria*, mais il parle alors d'un camp contenant « cinq ou six légions ». F. Stolle a montré que les soldats malades ou blessés légèrement étaient soignés dans leur tente et que l'organisation de l'emplacement de l'infirmerie était nécessairement différente de celle de l'emplacement réservé à une centurie légionnaire, qu'on n'a nul besoin d'y inclure un espace pour les armes et les bêtes de somme[5]. Hygin

1. N. R. af Ursin, *De castris Hygini qui fertur quaestiones*, Helsingfors, 1881, p. 52. Chr. Lange, éd., p. 35, lit *DC homines* mais écrit *CD* ; W. Gemoll, éd., indique dans l'apparat la bonne lecture *do* du manuscrit, mais affirme dans l'introduction que l'*Arcerianus* porte *DC*...

2. N. R. af Ursin, *op. cit.*, p. 52. La faute pourrait-elle provenir d'une écriture *LLXX*?

3. Cf. *infra*, § 111.

4. A. von Domaszewski, éd., p. 47.

5. F. Stolle, *Lager*, p. 109-111.

emploie, du reste, pour les services, le verbe *computari* : il s'agit donc bien d'un « effectif théorique » utilisé seulement pour le calcul. Il n'y a en fait, croyons-nous, qu'une seule infirmerie dans le camp, et donc un seul atelier et une seule infirmerie pour animaux[1].

Les bureaux. 59. Nous traduisons ainsi le mot *schola*, par référence au passage de Végèce, *Mil.* 2, 19 : *sed quoniam in legionibus plures scholae sunt, quae literatos milites quaerunt, ab his, qui tirones probant ... in quibusdam notarum peritia, calculandi computandique usus eligitur.* Ces bureaux sont sous la responsabilité du *princeps legionis*, dont nous savons encore par Végèce que « dans la légion presque toutes les questions d'organisation matérielle le concernent »[2], et à propos duquel Mommsen a montré qu'il était le seul de la première cohorte à qui étaient adjoints, en plus d'un *optio*, un *adiutor* et un *librarius*[3]. Ces indications concordent d'une part avec la place de ces bureaux dans le camp, en face du campement de la cohorte première, dans le *scamnum* des légats, donc dans les *principia*, d'autre part avec le fait que l'on y donne « les consignes aux légions ».

E. — Les ailes.

L'aile militaire. 60. Ce corps auxiliaire de cavalerie, qui apparaît pour la première fois dans les inscriptions en 81 ap. J.-C., est bien connu des historiens de l'armée romaine. Il campe dans la prétenture, en avant des *scamna* des tribuns, ou dans les côtés du prétoire. Le calcul de son emplacement est très simple, puisque chaque cavalier reçoit 3 pieds sur toute la longueur de la demi-bande. Ils camperont donc sur une longueur totale de 3000 pieds, ce qui correspond bien aux 5 demi-bandes de 600 pieds de long que leur attribue Hygin au § 34.

61. Mais le problème se pose de l'organisation de cette

1. Ce fait nous est confirmé par le calcul des troupes campant, dans le camp type, dans les côtés du prétoire. Cf. *infra*, § 104.

2. Veg., *Mil.* 2, 8 : *ad quem in legione prope omnia quae ordinanda sunt pertinent.* Cf. E. Sander, *Zu Vegetius* 2, 19 ; 21, in *Philologische Wochenschrift*, 1927, p. 1278-1280.

3. Th. Mommsen, *Observationes Epigraphicae XXVI : Nomina et gradus centurionum*, in *Ephemeris Epigraphica* 4, 1881, p. 232-233.

aile milliaire, en particulier de l'effectif de chaque turme, et conjointement, de la place effectivement accordée à chaque cavalier. Hygin indique, en effet, pour cette unité un nombre de turmes, 24, entre lesquelles il est impossible de répartir également 1000 hommes. Ce chiffre de 24 ne peut pas être mis en doute, puisqu'il correspond au nombre de chevaux « en surplus » dans l'aile ; chaque turme, en effet, compte un décurion, un *duplicarius* et un *sesquiplicarius*, qui possèdent, le premier trois chevaux, les autres deux chevaux chacun ; parmi ceux-ci et pour chaque gradé, un est compté dans le nombre de chevaux de la turme : sont donc véritablement « en surplus » deux chevaux pour le décurion, un pour le *duplicarius*, un pour le *sesquiplicarius*, soit en tout 4 chevaux par turme. Pour l'ensemble de l'aile, nous aurons donc $4 \times 24 = 96$ chevaux en surplus, ce qui est le chiffre donné par le manuscrit. Il est évident que le chiffre de 1000 hommes est un chiffre arrondi. Peut-on tirer du texte d'Hygin l'effectif exact d'une turme de l'aile milliaire?

62. Domaszewski, dans son commentaire, a tenté de le faire ; il conclut du campement de l'aile en 5 demi-bandes que sur 4 d'entre elles campent 5 turmes, sur la dernière 4, donc que l'emplacement pour une turme est long de 120 pieds. Cette longueur peut recevoir 8 tentes telles qu'il les a rebâties[1] ; le décurion en occupe une, et dans une autre on n'aura que 5 hommes puisque les *principales* campent un peu plus commodément. On n'arrive au chiffre de 42 hommes par turme[2].

Domaszewski trouvera ensuite une confirmation à ce calcul dans une inscription de Coptos, *C. I. L.* III, 6627[3] ; il s'agit d'une vexillation d'auxiliaires qui comprend : *Alarum III : dec(uriones) V, dupl(icarius) I, sesquiplic(arii) IIII, equites CCCCXXIIII* ; chaque gradé mentionné devant commander une turme, les 424 cavaliers sont donc répartis en 10 turmes de 42 hommes. Qu'un *sesquiplicarius* et, à plus forte raison, un *duplicarius* puisse commander une turme pourrait être accepté, mais une relecture de la pierre a montré que le nombre des décurions est non pas *V*, mais *VI*...[4].

1. 8 tentes de 10 pieds et 8 espaces de 5 pieds, soit $80 + 40 = 120$ pieds. Cf. *supra*, § 26.

2. 6 tentes abritent 6 hommes : 36 hommes ; une en abrite 5 ; une autre abrite le décurion : $36 + 5 + 1 = 42$.

3. A. von Domaszewski, *Rangordnung*, p. 35 et n. 9.

4. *C. I. L.* III, 14147 ; la correction est signalée par B. Dobson, in A. von Domaszewski, *Rangordnung*, p. 209.

Ce chiffre de 42 hommes par turme, repris par G. L. Cheesman, est encore accepté, ou du moins présenté comme possible, par E. Birley[1].

63. Nous avons dit plus haut[2] qu'un des arguments de Domaszewski dans la reconstruction qu'il effectuait du campement des cavaliers auxiliaires reposait sur l'attribution réelle au cavalier, sur le terrain, de deux pieds et demi, le demi-pied supplémentaire n'entrant en ligne de compte que pour le calcul et pour permettre le logement du décurion. Cette idée repose sur la correction, nécessaire, du § 16 à la fin, et sur l'interprétation du passage. Le manuscrit porte : *et ideo in singulis equitibus terni pedes computantur mille deficitur in eo pede praefectus alae pedaturam accipiat et principales eorum aliquo laxius tendant alioquin singuli binos pedes et semisses acciperent.* Le *mille deficitur* est incompjéhensible en l'état et les éditeurs ont cherché à le corriger ; la correction de Domaszewski, approuvée par le précédent éditeur[3], est celle de af Ursin[4] ; celui-ci la justifie par le raisonnement suivant, dont Domaszewski accepte et la teneur et le résultat : « nam quid sibi uult illud « nihil deducitur » (uel « nihil dejicit ») post priora uerba? Conicio : semisque deducitur (ad incrementum) ; in *eo* pede — tendant[5] ; *alioquin* singuli *binos* pedes et *semisses* acciperent. Idem efficitur, si de incremento dimidii pedis nihil *dixisse* auctorem credimus ac scribimus : Et ideo in singulis equitibus terni pedes computantur. Nihil deficit ut in eo pede — ». En note, af Ursin ajoute : « Exempla tamen afferre non possum, quibus haec constructio probetur. Debuit certe esse quin pro ut ».

Le raisonnement se heurte à plusieurs difficultés : d'abord la difficulté grammaticale signalée par af Ursin ; ensuite une difficulté d'ordre méthodologique : Hygin est parfois obscur, mais il n'omet jamais de signaler au lecteur les différents moments d'un calcul ou d'une opération quelconque. De plus, l'expression au subjonctif irréel *alioquin accipe-*

1. G. L. Cheesman, *The auxilia of the Roman imperial Army*, Oxford, 1914, p. 26 ; E. Birley, *Alae*, p. 54.
2. Cf. *supra*, § 26.
3. W. Gemoll, compte rendu de l'édition de Domaszewski, in *Berliner Philologische Wochenschrift* 8, 1888, p. 687.
4. N. R. af Ursin, *De castris Hygini qui fertur quaestiones*, Helsingfors, 1881, p. 42-43.
5. C'est af Ursin qui souligne et abrège.

rent — analogue au § 1 de *alioquin plus dari oportuisset* — indique bien ce qu'il aurait fallu faire si une opération n'avait pas eu lieu : on ne peut pas dire, par conséquent, et même en sous-entendant le premier terme : « les cavaliers reçoivent deux pieds et demi, sinon ils auraient reçu deux pieds et demi », ceci d'autant plus que les deux mots *computare* et *accipere* ont la même signification : Hygin emploie ici la formule *terni pedes in singulis equitibus computantur* et au § 34 *accipit eques III pedes*. Enfin, le supplément de surface nécessaire pour faire camper le préfet de l'aile et accorder aux gradés une place un peu plus grande[1] ne peut pas être obtenu par le simple calcul de trois pieds par cavalier ; en effet, tous les cavaliers du camp reçoivent trois pieds, y compris les cavaliers des cohortes montées : la demi-bande de la rétenture reçoit la « cinquième partie ajoutée » alors que les troupes qui y campent sont mixtes, fantassins et cavaliers[2]. Or Hygin n'indique pas pour les gradés de ces troupes qu'ils « campent de façon un peu plus lâche », mais simplement qu'ils occupent chacun une tente. Nous avons également montré plus haut comment la reconstruction du campement des cavaliers auxiliaires était sujette à caution. Toutes les difficultés soulignées ici sont dues essentiellement d'une part à la mauvaise interprétation d'ensemble du passage, d'autre part, surtout, à ce que Domaszewski raisonne sur des surfaces accordées aux turmes, alors que ce mode de calcul tenant compte des subdivisions internes d'une unité est utilisé par Hygin uniquement pour les troupes légionnaires : l'auteur calcule, dans le cas de l'aile, globalement, avec un nombre total de soldats.

64. Il est donc clair pour nous que la simple mention du calcul avec trois pieds par cavalier est insuffisante pour expliquer le dégagement d'une certaine surface pour le préfet et les gradés de l'aile. Une autre correction du texte s'impose. Les principes qui doivent la diriger sont également clairs : Hygin raisonne sur l'effectif global de l'unité ; les parties assurées du texte imposent l'idée qu'Hygin détermine un emplacement trop grand pour l'effectif réel de l'unité, ce qui lui permet d'y placer préfet et gradés.

Or, si nous gardons le chiffre de 1000 hommes comme effectif réel, et à plus forte raison si nous acceptons le chiffre de Domaszewski, soit 1008 hommes, et que nous leur attri-

1. Sur l'expression *aliquo laxius tendere*, cf. *supra*, § 27.
2. Cf. *infra*, § 117.

buions à chacun trois pieds, nous ne pouvons pas placer le préfet de l'aile...[1]. Le supplément de surface permettant de le placer ne peut donc être trouvé que si l'effectif de l'aile milliaire est en fait inférieur à 1000 hommes. Un effectif de 41 hommes par turme[2] donnerait un chiffre global de 984 hommes, soit un gain de 16 hommes, qui laisseraient libres 48 pieds sur les 3000 affectés à l'aile. La place réservée au préfet serait alors bien petite pour ce personnage assez haut placé dans la hiérarchie militaire[3]. Un nombre de 40 hommes par turme, qui donnerait un effectif total de 960 hommes, laissant disponibles 120 pieds de longueur, permettrait de donner au préfet un emplacement plus en rapport avec sa situation hiérarchique. Celui-ci n'occupe certainement pas réellement un espace de 120 pieds sur 30 (36 × 9 m.), d'autant plus que les gradés de l'aile reçoivent eux aussi un emplacement un peu plus grand. Comment cette augmentation, faible il est vrai (*aliquo laxius*), était-elle obtenue dans la pratique? La méthode de calcul employée par Hygin ne permet pas de le dire.

Pour nous donc, l'aile milliaire comporte 24 turmes de 40 hommes, gradés y compris, mais Hygin effectue son calcul sur le chiffre de 1000 hommes qui lui permet de donner au préfet de l'aile un emplacement avec ses troupes et près des *scamna* des officiers supérieurs. Il s'ensuit que le mot *mille* doit être conservé dans la correction de la fin du § 16 ; nous proposons de lire : *mille efficitur ut*, qui nous paraît la solution la plus proche du texte du manuscrit[4].

1. A supposer que le raisonnement de af Ursin soit juste et qu'il faille ôter un demi-pied au campement de chaque cavalier, mais en raisonnant comme Hygin sur des effectifs globaux, la longueur dégagée pour le préfet de l'aile et la petite augmentation de surface destinée aux gradés serait de 500 pieds sur une demi-bande. Or, en adoptant la largeur moyenne des *scamna* des légats et des tribuns, qui correspondent alors à deux demi-bandes de 600 pieds de long, chaque légat de légion et tribun des cohortes prétoriennes recevrait un peu moins de 350 pieds (cela sans tenir compte de la présence des *scholae*, qui entraînerait une diminution de ce chiffre) et chaque tribun de légion recevrait 130 pieds ! Or il n'y a aucune commune mesure, dans la hiérarchie militaire, entre le légat de légion et le préfet de l'aile, et celui-ci ne peut pas avoir un emplacement plus grand que celui-là.

2. 41 est le résultat inférieur le plus proche de la division de 1000 par 24.

3. E. Birley, *Alae*, p. 57-59.

4. On rapprochera cette expression de *ut laxius tendant efficitur*

Cette manière de calculer est, du reste, analogue à celle qui est employée pour permettre aux décurions et aux gradés des cavaliers prétoriens et d'élite de camper sur un peu plus d'espace : pour ces corps, l'effectif normal contenu dans une bande de 720 pieds de long, qui peut donc contenir 480 cavaliers, est de 250 hommes : là encore, le mesureur compte plus d'hommes que l'effectif réel pour dégager une certaine surface[1].

65. La première partie de la phrase : *et ideo in singulis equitibus terni pedes computantur*, est bien une justification du nombre de pieds accordés aux cavaliers, mais c'est une justification valable pour toutes les unités de cavalerie quelles qu'elles soient, dont tous les gradés mentionnés dans le texte possèdent plusieurs chevaux et pour lesquels il faut prévoir un petit supplément de place. Ne connaissant pas l'organisation exacte du campement, nous pouvons simplement dire que l'espace ainsi dégagé ne doit pas être grand, puisqu'il faut prévoir une augmentation supplémentaire pour les gradés de l'aile milliaire.

La première mention, au § 16, du chiffre 1000, *sic super numerum equorum mille*, est une indication donnée au lecteur pour rendre plus facilement compréhensible le calcul des chevaux en surplus. On comprendrait du reste mal qu'Hygin indique ici un chiffre exact qu'il ne donne pas pour les troupes elles-mêmes.

L'aile quingénaire. 66. Elle campe, elle aussi, dans les côtés du prétoire ou dans la prétenture, mais sa place est plutôt dans la partie médiane. En effet, dans le camp type, elle trouve place « dans des bandes entières » dans les côtés du prétoire : elle occupe donc deux longueurs de 720 pieds, soit 1440 pieds. Son effectif peut donc être facilement établi à 480 hommes répartis en 16 turmes. Chaque turme comprendra 30 hommes, soit 27 hommes de troupe et 3 gradés. Un calcul identique à celui de l'aile milliaire montre, en effet, qu'elle compte un « surplus » de 64 chevaux, soit 32 pour les décurions, 16 pour les *duplicarii*, 16 pour les *sesquiplicarii*.

au § 40 et *efficitur ut duae cohortes latere retenturae tendant* au § 42, et, pour le sens de *efficio*, de *prout numerus legionum effecerit* au § 15.

1. Cf. *supra*, § 49.

F. — La rétenture.

Le « quaestorium ». 67. Le *quaestorium* du camp décrit par Hygin est une survivance du camp de l'époque républicaine tel que le présente Polybe (6, 31, 1) : « Le terrain qui s'étend derrière les tentes des tribuns, de part et d'autre du prétoire, est occupé d'un côté par le *forum* et de l'autre par le *quaestorium* et les approvisionnements dont le questeur a la charge » (Trad. Roussel). Hygin, en effet, en donnant l'étymologie de ce mot, indique clairement que les questeurs y recevaient autrefois leur emplacement. Cela concorde d'une part avec ce que nous savons du questeur militaire sous la République, principal auxiliaire du chef de l'armée, ayant la haute main sur le trésor militaire, d'autre part avec la disparition progressive de toute compétence militaire des questeurs sous l'Empire[1]. Le questeur n'accompagne plus ordinairement l'armée et n'utilise donc plus cet emplacement, mais le souvenir de sa présence dans l'armée en campagne se manifeste par le nom même conservé par l'espace en arrière du prétoire et par l'utilisation de celui-ci comme entrepôt du butin : on sait, en effet, qu'une des attributions du questeur militaire sous la République était la vente de la part du butin que le commandant de l'armée n'attribuait ni à lui-même ni aux soldats[2]. Le *quaestorium* peut également servir au logement des ambassadeurs et des otages.

Les chameaux et leurs conducteurs. 68. L'emploi de chameaux par l'armée romaine, même si leur présence dans le camp d'Hygin a pu surprendre, est bien connu. Ainsi Corbulon, dans sa campagne contre Vologèse, emmène avec lui une grande quantité de chameaux chargés de blé[3]. Leur utilisation pour porter le butin, que l'on place dans le *quaestorium*, justifie leur place à l'intérieur de celui-ci ; on rapprochera cette indication d'une inscription mentionnant une campagne de Sulpicius Serenus contre les Agriophages, peuple d'Éthiopie, à l'issue de laquelle « il ramena tout le butin avec des chameaux », *praedamque totam cum camelis apstulit*[4].

1. G. Wesener, art. *Quaestor*, in *R. E.* XXIV, c. 816.
2. Liv. 5, 19, 8 : *ingenti praeda est potitus, cuius pars maxima ad quaestorem redacta est, haud ita multum militum datum.*
3. Tac., *Ann.* 15, 2, 2.
4. Seymour de Ricci, in *C. R. A. I.*, 1905, p. 154-157.

Le nom donné par Hygin, *epibatae*, aux conducteurs de ces bêtes, n'est pas un terme proprement technique, puisque c'est le nom des soldats embarqués sur un vaisseau. C'est le seul emploi de ce mot au sens de « conducteurs d'animaux » connu par le *T. L. L.*[1] ; le terme *camelarius* est beaucoup plus tardif : il n'apparaît qu'au milieu du IVe siècle[2]. On peut rapprocher cet emploi exceptionnel d'un emploi grec, également exceptionnel, de ἐπιβάτης pour désigner le conducteur d'un éléphant[3].

Les gendarmes. 69. Nous traduisons ainsi le mot *statores* par référence à ce que dit M. Durry de ce corps fort mal connu : « Que faisaient les *statores*? Œuvre, je pense, de gendarmes et de policiers. *Statores*, ils arrêtaient... les troupiers en rupture de ban et constituaient une sorte de maréchaussée aux armées[4]. » La fonction qui leur incombe dans le camp d'Hygin n'est pas exactement celle-ci, puisqu'ils doivent protéger l'arrière du prétoire. On ne s'étonnera cependant pas de voir ces soldats qui, à Rome, logeaient dans les *castra praetoria* et dépendaient du préfet du prétoire, recevoir cette charge assez importante, loger donc tout près et du général en chef et des cohortes prétoriennes, et recevoir un emplacement double parce que, comme ces dernières, ils utilisent des tentes plus grandes que celles des légionnaires.

Les cohortes montées. 70. Ces corps auxiliaires sont, en fait, malgré leur nom, des corps mixtes, où infanterie et cavalerie sont mêlées ; chacune, qu'elle soit milliaire ou quingénaire, comprend un certain nombre de fantassins organisés en centuries et des cavaliers organisés en turmes.

71. Nous sommes bien renseignés par le texte d'Hygin

1. *T. L. L.* 5, 2, c. 661, l. 8-10.
2. M. R. Marichal nous a cependant indiqué l'emploi de *camelarius* dans les *ostraca* de Bu-Njem (camp aux confins sahariens de la Tripolitaine, dont la fouille est conduite par M. R. Rebuffat), datés des années 260 ap. J.-C., dont la publication, par les soins de M. Marichal, est prévue dans la revue *Libya Antiqua*. Le terme est employé pour désigner des indigènes qui sont, semble-t-il, beaucoup plus des conducteurs d'animaux de bât que des combattants. Cf. R. Rebuffat et R. Marichal, *Les ostraca de Bu Njem*, in *Revue des Études latines* 51, 1973, p. 281-286.
3. Arrien, *An.* 5, 17, 3.
4. M. Durry, *Cohortes*, p. 20-21.

sur l'effectif des fantassins ; la cohorte montée milliaire comprend 760 fantassins (§ 26) répartis en 10 centuries (§ 27) ; la cohorte quingénaire, qui a un effectif de moitié moindre, comprend donc 380 fantassins, répartis en 6 centuries. Il est à noter que ce chiffre de 10 centuries n'est pas confirmé par les papyri de Dura, qui ne donnent pour la *Cohors XX Palmyrenorum* que 6 centurions pour un effectif fort variable, puisqu'il va de 345 à 850 fantassins ; R. O. Fink explique cette discordance soit par une réorganisation des cohortes montées au cours de la période comprise entre la rédaction du traité et celle des papyri, soit par le caractère exceptionnel de la *Cohors XX Palmyrenorum*[1].

72. En ce qui concerne l'effectif des cavaliers, le chiffre donné par Hygin pour la cohorte milliaire est, lui aussi, assuré : 240 cavaliers ; donc pour la cohorte quingénaire, cet effectif sera de 120. Mais le nombre de turmes entre lesquelles se répartissaient ces effectifs n'est pas donné par le manuscrit ; pour la cohorte quingénaire, l'omission est volontaire, car le nombre sera la moitié de celui des turmes de la cohorte milliaire. Ce dernier, en revanche, a été visiblement oublié par le copiste.

Nous ne pouvons pas, là non plus, utiliser les renseignements fournis par les papyri de Dura : le nombre de décurions y est de 5 pour une cohorte milliaire et ce chiffre ne peut être divisé par deux pour une cohorte quingénaire[2]. Domaszewski, dans son édition, proposait de lire *decuriones X*, parce que ce chiffre correspondait au décompte des tentes qu'il effectuait, dont nous avons déjà dit qu'il ne pouvait être accepté[3].

Deux textes bien connus portant des états d'effectif de cohortes quingénaires pourraient nous éclairer, si leur interprétation ne présentait de grosses difficultés : ce sont le *pridianum* de la *Cohors I Augusta Praetoria Lusitanorum Equitata* (*BGU* 696 = R. O. Fink, *Records*, n° 64) et l'état d'effectif de la *Cohors I Hispanorum Veterana* (British Mu-

1. R. O. Fink, *The Strength and Organization of the Cohors XX Palmyrenorum*, in *The Excavations at Dura Europos — Final Report*, V ; Part I : *The Parchments and Papyri*, New-Haven, 1959, p. 28-36 (p. 30) ; idem, *Centuria Rufi, Centuria Rufiana, and the Ranking of Centuries*, in *Transactions and Proceedings of the American Philological Association* 84, 1953, p. 210-215 (p. 210-211 et n. 2).
2. R. O. Fink, *op. cit.*, p. 30.
3. A. von Domaszewski, éd., p. 50 et n. 1 ; cf. *supra*, § 27.

seum, Papyrus 2851 = R. O. Fink, *Records*, n° 63). Ce dernier ne peut cependant pas, à notre avis, être pris en considération, pas plus que le chiffre de 4 décurions qu'il donne à 3 reprises (l. II 1 ; II 15 ; II 39-42). En effet, comme l'a montré R. Marichal[1], il s'agit d'un état d'effectif exceptionnel, établi sans doute à la date du 16 septembre 105, pendant la seconde guerre de Dacie. La *Cohors I Hispanorum*, surprise par l'offensive de Décébale dans l'hiver 104/105, s'est repliée sur Stobi, en Macédoine, avant de procéder à la contre-attaque qui l'a ramenée en Mésie où est établi, apparemment, le document. Un état d'effectif a été établi dans cette ville à la date du 31 décembre 104, *p(ridie) k(alendas) ianuarias* : la cohorte compte alors 546 hommes (dont 119 cavaliers), donc assez nettement plus que ne l'indique Hygin ; le nombre de décurions ne peut pas être précisé en raison d'une lacune du papyrus ; la restitution de R. O. Fink à la ligne I 27 : [*in is* **7** *vi dec ii*]*ii*, est simplement amenée par la comparaison avec les lignes suivantes où ces chiffres sont indiqués. Ensuite, l'effectif de la cohorte a été grossi de 50 hommes, après le 1er janvier 105, d'une part grâce à des recrues envoyées par le légat Fabius Iustus, d'autre part grâce à des éléments venus d'autres unités qui n'avaient pas pu suivre celles-ci pendant le repli général des troupes romaines, selon l'interprétation que R. Marichal donne de l'expression *non secuti* ; d'autres soldats, en nombre apparemment moins important, ont été tués ou ont quitté la cohorte.

La forme de ce document n'est pas celle du *pridianum* connu par ailleurs ; le mot lui-même n'est pas un titre puisqu'il n'est pas écrit en majuscules ; les noms des hommes nouvellement inclus dans l'unité ne sont pas indiqués, pas plus que la centurie ou la turme où ils ont été placés. Tout suggère donc que nous sommes en présence d'un document exceptionnel, qui répond à une situation de guerre, de repli puis de marche en avant de l'armée romaine, avec l'indécision que cela amène dans les effectifs des corps. Au 31 décembre 104, la cohorte a ainsi un effectif supérieur de 10 % à l'effectif donné par Hygin ; rien ne permet d'affirmer d'autre part que les 4 décurions mentionnés sont bien les 4 décurions ordinaires du corps, que l'un ou l'autre n'y a pas été inclus temporairement, peut-être même avant le

1. A. Bruckner et R. Marichal, *Chartae Latinae Antiquiores*, III, Olten et Lausanne, 1963, n° 219. Nous suivons cette interprétation qui rend compte parfaitement, à notre avis, des détails du texte. R. O. Fink, *Records*, n° 63, est plus critique vis-à-vis de celle-ci.

1er janvier 105. Il ne nous semble donc pas possible d'utiliser ce papyrus pour déterminer le nombre des décurions de la cohorte montée.

73. Plus important en revanche nous paraît le *pridianum* de la *Cohors I Augusta Praetoria Lusitanorum*, qui donne l'effectif suivant pour le 31 décembre 155 : 505 hommes, parmi lesquels 6 centurions, 3 décurions, 114 cavaliers, 19 *dromedarii*, 363 fantassins. Après le 1er janvier 156 viennent s'ajouter 16 hommes, tant fantassins que cavaliers, et un homme signalé comme décurion. A. Flauuis Vespasianus, *reiectus ab ala II Thrac(um) Mauretaniae ad uircam* (= *uirgam*) *c(o)hortis*. Mommsen, qui a étudié le texte[1], considère que celui-ci complète le nombre des décurions de la cohorte, qui sont ainsi 4. Mais rien n'indique que Flauius Vespasianus ait conservé son grade dans la cohorte quingénaire : d'une part, le sens de l'expression *ad uirgam cohortis* n'est pas clair ; d'autre part — ce que Mommsen avait mal lu — un centurion, Sextus Sempronius Candidus, a lui aussi été nommé dans la cohorte : si, comme Vespasianus, il doit simplement s'ajouter au nombre des centurions, ceux-ci seraient alors 7 !... Enfin, nous avons perdu toute la fin du document, où étaient comptabilisées normalement les déductions à l'effectif de la cohorte. Selon toute vraisemblance, Candidus a remplacé l'un des centurions et, à supposer que Vespasianus ait conservé son grade, il a très bien pu, lui aussi, remplacer l'un des décurions présents au 31 décembre.

Cela d'autant plus que les chiffres de cette date concordent presque parfaitement avec ceux d'Hygin : le nombre total d'hommes est de 505, soit 1 % de plus que l'effectif théorique de la cohorte ; on a 114 cavaliers au lieu de 117, 363 fantassins au lieu de 374. Seuls les 19 *dromedarii* forment une exception notable, mais leur présence s'explique parfaitement pour une unité stationnée en Égypte. Si, comme nous le pensons, une cohorte montée quingénaire comporte 3 décurions, les décurions et les turmes de la cohorte milliaire sont donc au nombre de 6. C'est ce chiffre que nous avons adopté dans notre texte[2].

1. Th. Mommsen, *Obseruationes Epigraphicae XLIX : Laterculus Cohortis I Lusitanorum*, in *Ephemeris Epigraphica* 7, 1884, p. 456-467 (p. 460).

2. M. Durry, *Cohortes*, p. 83 et n. 2 ; mais la lecture de l'état d'effectif de la *Cohors I Hispanorum* qui, par comparaison avec le *pridia-*

74. Exceptionnellement, pour les cohortes montées et à pied, Hygin indique le nombre de tentes que chaque corps devra monter, soit 136 tentes pour la cohorte montée milliaire ; dans ce nombre, les centurions et les décurions en occupent une chacun. Domaszewski, qui a fixé à 10 le nombre de soldats auxiliaires campant sous une tente, peut ainsi donner 86 tentes aux fantassins et aux centurions, 50 tentes aux cavaliers et à leurs 10 décurions[1]. Outre que, comme il le reconnaît lui-même, « 76 tentes ne peuvent être réparties également entre 10 centuries », le calcul s'avère inexact en raison du nombre de décurions dans la cohorte. Il nous semble illusoire, nous l'avons dit, de vouloir reconstruire ainsi le campement de la cohorte, compte tenu surtout du fait que ces chiffres de 760 et 240 sont sans doute arrondis. La solution à l'énigme posée par ces 136 tentes nous semble plus simple : une cohorte montée milliaire peut être assimilée à un ensemble de 1360 fantassins (§ 26 : *meminerimus itaque ad computationem cohortis equitatae miliariae pedaturam ad MCCCLX dari debeat*) : elle occupera donc une « longueur mesurée en pieds » de 1360 × 6/5 = 1632 pieds. Or une tente occupe en fait 12 pieds de longueur (§ 1 : *papilio unus occupat pedes X, accipit incrementum tensurae pedes II*) ; sur une longueur totale de 1632 pieds on aura donc 1632 : 12, soit 136 tentes...

On en déduira, en particulier, que fantassins et cavaliers campent exactement de la même façon, et que la seule faveur dont jouissent centurions et décurions des cohortes est d'occuper une tente pour eux seuls ; celle-ci n'est pas séparée des tentes des hommes de troupe. Quant aux autres *principales*, ils ne sont même pas mentionnés dans le texte. Ces faits traduisent bien la place de ces corps dans la hiérarchie des unités. Le chiffre de 136 tentes semble correspondre à l'utilisation maximale de l'emplacement normal de la cohorte. Nous ne devons pas oublier, en effet, que ces troupes campent dans la rétenture, où, nous dit Hygin au § 40, « les soldats ont l'habitude de camper d'une manière plus ou moins serrée, à cinquante hommes près par bande » : sur les bandes de terrain de la rétenture, il peut arriver que

num de la *I Lusitanorum*, permet à l'auteur d'arriver à ce chiffre est fausse. C'est également la solution adoptée par C. Cichorius, art. *Cohors*, in *R. E.* IV, c. 235, et par H.-G. Pflaum, *Forces et faiblesses de l'armée romaine du Haut-Empire*, in *Problèmes de la guerre à Rome*, Paris-La Haye, 1969, p. 85-98 (p. 87).

1. A. von Domaszewski, éd., p. 49-51.

l'on ait à placer plus d'hommes que ne le permettraient les règles établies précédemment[1]. Le fait qu'Hygin, dans ce dernier paragraphe, tienne compte de l'effectif global à répartir dans la rétenture, nous confirme dans l'idée que ce chiffre de 136 tentes pour la cohorte montée milliaire n'est qu'un chiffre « théorique », qui ne peut pas aider à fixer l'effectif réel de ce genre d'unités.

Les cohortes à pied. **75.** Ces corps de fantassins ont une organisation très simple ; comme dans les cohortes montées, la cohorte quingénaire a un effectif moitié moindre que celui de la cohorte milliaire, mais a 6 centuries et non pas 5. Le calcul des tentes de la cohorte milliaire s'effectue selon le principe précédemment exposé[2].

La cohorte quingénaire, qui est la plus petite unité de l'armée, pourra être déplacée si l'effectif de la rétenture est trop important, sans doute en raison même de son faible effectif, qui permettra de la placer plus facilement dans le camp.

Les cohortes, montées ou à pied, campent en avant de la rétenture, autrement dit le long de la voie quintane. Entre celle-ci et la voie de couverture est ainsi créé un espace pour loger les peuplades.

Les peuplades. **76.** Ces corps de troupe, désignés individuellement par leur ethnie, Palmyréniens, Daces, etc..., et globalement par les termes *nationes* et *symmacharii*, peuplades et alliés, campent dans la rétenture et même à l'arrière de celle-ci : leur emplacement est, en effet, situé « au-dessus de », *super* (§ 19), celui des cohortes montées ou à pied, qui elles-mêmes campent le long de la voie quintane.

77. Le terme *symmacharii* a été proposé par Mommsen[3] pour corriger le texte de l'*Arcerianus*, qui donne quatre « versions » de ce mot : au § 19 (f. 130 V.b), on lit *sumactares* ; au § 29 le copiste a corrigé *summamclarificum* en *summamclariorum* (f. 132 R.b), et enfin le manuscrit porte *summa.c.terias* au § 43 (f. 135 R.a) ; Domaszewski et A. Grillone

1. C'est ainsi que nous comprenons *tensuram amplius efficiant* par analogie avec *si amplius supersunt*, quelques lignes plus bas.

2. 1000 hommes occupent : $1000 \times 6/5 = 1200$ pieds ; $1200 : 12 = 100$.

3. Th. Mommsen, *Conscriptionordnung*, p. 224, n. 1 ; il propose *symmachares* ou *symmacharii*.

ont accepté cette correction dans leurs éditions [1]. Le mot, forgé évidemment sur le grec σύμμαχοι, a paru audacieux et inadéquat à certains [2] ; il est confirmé dans la latinité par une inscription qui fournit une forme toute proche : *C. Sulpicio Vrsulo, praef(ecto) symmachiariorum Asturum belli Dacici...* [3]. Cependant, il ne semble pas désigner dans notre texte un corps particulier, mais plutôt un ensemble de corps ou d'unités, qui peut être assimilé aux peuplades ; on trouve, en effet, deux fois l'expression *symmacharii et reliquae nationes* (§§ 19 et 43), où *symmacharii* pourrait désigner aussi bien une unité particulière qu'un ensemble d'unités ; mais une autre expression, au § 29 : *nationes ... et si quid aliud ... symmachariorum*, impose, à notre sens, la seconde interprétation. Les « alliés » sont peut-être d'un statut légèrement différent de celui des « peuplades », mais en sont assez proches pour qu'Hygin puisse les confondre.

78. Ces unités ont un caractère bien particulier et bien marqué au sein de l'armée romaine décrite par Hygin ; manifestement, les soldats sont peu romanisés puisqu'ils reçoivent les mots d'ordre dans leur propre langue, *uocabulo suo*, et oralement, *uiua tessera*, au lieu de les recevoir par écrit, sur la tablette habituelle. Ce caractère barbare explique la méfiance dont fait preuve Hygin à leur égard : ils sont peu sûrs, puisqu'ils doivent être entourés de toute part. Pour cela, ils campent à l'arrière de la rétenture, derrière les cohortes et devant les légionnaires ; cet encerclement peut paraître tout relatif, puisqu'ils ne sont séparés du rempart que par le cordon des troupes légionnaires, mais, en fait, ils ne jouxtent aucune voie importante et leur emplacement est bordé simplement par la voie de couverture, qui n'a que 30 pieds de large. Tout mouvement de leur part, et en particulier toute tentative contre le quartier général au centre du camp, est donc gêné par la difficulté de leurs déplacements. C'est certainement à ces corps que pense spécialement Hygin lorsqu'il dit : « les légions... doivent camper près du rempart pour ... maintenir par leur nombre l'armée levée dans les peuples étrangers (*exercitum gentibus*

1. Chr. C. L. Lange écrivait *subactares*, W. Gemoll *supernumerarii*.

2. Voir en particulier W. Gemoll, compte rendu de l'édition de Domaszewski, in *Berliner Philologische Wochenschrift* 8, 1888, p. 689.

3. *A. E.*, 1935, n° 12 (lecture rectifiée de *A. E.*, 1926, n° 88).

imperatum) à l'intérieur d'un mur humain » (§ 2). Corps peu romanisés, ils ne campent pas non plus « à la romaine » : Hygin admet que leur emplacement puisse être divisé en trois, ce qu'il n'indique pour aucun autre corps, sinon pour les cavaliers d'élite et dans un cas bien précis. On peut donc supposer que ces peuplades, qui conservent au sein de l'armée romaine leur langue et leurs habitudes de campement, conservent aussi leurs armes, leurs techniques de combat particulières, et peut-être aussi leurs chefs.

Se pose alors la question de l'identification de ces peuplades. On les a rapprochées des corps traditionnellement connus dans l'armée sous le nom de *numeri*, dont elles possèdent le caractère barbare et, par conséquent, extraordinaire par rapport aux légions et aux troupes auxiliaires. Mais cette identification amène à son tour le problème de la date du *De munitionibus castrorum*, que nous traiterons plus loin. Indiquons simplement ici que pour Mommsen, les peuplades d'Hygin sont des *numeri*, alors que pour Domaszewski, elles sont la préfiguration de ceux-ci[1].

79. Le nom d'une de ces peuplades est également source de discussions. Le texte du manuscrit donne, en effet, les noms des *Cantabri*, *Daci*, *Brittones* ; la correction *Palmyreni* pour *Parmyrent* s'impose ; une cinquième peuplade est nommée deux fois *Getati*. Mommsen hésitait tout d'abord entre *Gaesati* et *Gaetuli*, en préférant cependant la seconde forme[2], puis a choisi la première, appuyée sur des inscriptions de *numeri*[3]. Mais, d'une part, dans Hygin, *Gaesati* ne serait pas un ethnique comme les autres noms des peuplades ; d'autre part, dans les inscriptions, ces corps de troupe sont toujours appelés *Raeti Gaesati*[4]. De plus, la présence des Gétules parmi les peuplades permet de constituer avec celles-ci un « échantillon représentatif » de tout l'Empire romain : les Brittons insulaires, Cantabres à l'Ouest, Gétules en Afrique, Palmyréniens en Orient, Daces en Europe centrale. Nous avons donc, comme Domaszewski, corrigé ce *Getati* de l'*Arcerianus* en *Getuli*[5].

1. Cf. *infra*, §§ 138-142.
2. Th. Mommsen, *Conscriptionordnung*, p. 223.
3. Th. Mommsen, *Die römischen Provinzialmilizen*, in *Hermes* 22, 1887, p. 547-558 (p. 549).
4. Une seule exception nous est connue : *C. I. L.* VIII, 2728 : *certamen operis inter classicos milites et Gaesates dedi.*
5. Même si *numeri* et *nationes* sont identiques comme le pense

III. — Les fortifications du camp

A. — Le fossé et le rempart.

80. Ce sont les deux types principaux de fortification du camp, du reste liés l'un à l'autre. Les « cerfs », les armes et la levée de terre ne sont employés que lorsque le terrain rend impossible la création de l'un et de l'autre (§ 51).

Le fossé. Hygin distingue deux sortes de fossé : le fossé en forme de faîte, dont les deux parois sont obliques et se rejoignent au fond, le fossé punique, dont la paroi extérieure est droite. Le nom de ce dernier vient sans doute de l'usage systématique qu'en faisaient les Carthaginois, mais il est également considéré comme plus dangereux pour l'assaillant que le premier et cette appellation pourrait être une allusion à la célèbre *fraus Punica.* Les dimensions données par Hygin — 5 pieds de large, soit 1,50 m., et 3 pieds de haut, soit 0,90 m. — peuvent paraître faibles, mais ce sont des dimensions minimales. Ce sont celles que donne Végèce (*Mil.* 3, 8) : *fossa percutitur, lata pedes quinque, alta tres*; il est vrai que le même auteur indique auparavant des dimensions plus grandes : *fossa fit lata pedes nouem et alta pedes VII*, et qu'il prévoit une augmentation de ces mesures lorsque l'ennemi est pressant (*Mil.* 1, 24). Les dimensions données par Hygin correspondent bien à un fossé creusé dans une position sûre, *loco securiori.*

Des fossés de ces deux types ont été dégagés à Cawthorn, autour du camp D, qui est un camp construit entre 80 et 120 lors de l'entraînement des troupes, ce qui expliquerait la coexistence des deux types de fossé autour d'un même camp. Les mêmes fouilles prouvent que l'on utilisait également un troisième type de fossé, en forme de W, dont Hygin ne mentionne pas l'existence (fig. 6)[1].

Mommsen, l'absence de *numerus Getulorum* n'est pas une preuve contre cette correction, puisque nous ne connaissons pas non plus de *numerus Cantabrorum.*

1. I. A. Richmond, *Cawthorn*, p. 70-71 et fig. 19. Le site de Cawthorn comprend quatre camps, désignés par les lettres A, B, C, D. Il a été occupé deux fois, lors de manœuvres de la IXe légion. A chaque occupation, les troupes logeaient dans un camp et en construisaient un autre, comme exercice : les troupes logées dans C ont bâti A, les troupes logées dans B ont bâti D. A a été partiellement

81. La longueur du fossé creusé à 60 pieds en avant des portes correspond à la largeur de celles-ci, cette largeur n'est pas indiquée : on peut penser qu'elle est la même que celle des voies qui aboutissent aux portes, donc 60 pieds (18 m.). Par rapport à la longueur du fossé entourant le camp, il est de taille minime : d'où l'explication donnée au mot *titulum* par Hygin.

Certains auteurs modernes, sans raison évidente mais peut-être à la suite de Lange qui veut trouver l'étymologie du mot dans *tueor* : « Ipsa uox potius a tuendo ducebatur »[1], emploient, pour désigner la fortification située en avant des portes et composée d'un fossé et d'un rempart[2], le mot *tutulus*. Hygin est le seul auteur à traiter de cette fortification ; les deux emplois du mot (§§ 49 et 50) en assurent la première syllabe : *ti-* ; ils laissent subsister le doute sur le genre du terme : *titulum* au § 49, *titulus* au § 50. Mais le second passage est corrompu et les trois formes au neutre du premier, *quod ... titulum cognominatum*, imposent, à notre sens, l'orthographe *titulum*[3].

Si l'on en croit C. Schuchhardt, cette manière de protéger les portes est d'origine celtique, plus spécialement peut-être bretonne, et n'aurait été utilisée de façon systématique par les troupes romaines qu'en Bretagne, sous les Flaviens, bien qu'elle soit attestée dès le milieu du IIe siècle av. J.-C. en Espagne[4].

Le rempart. 82. Le sens du mot *uallum* est bien connu : il s'agit d'une palissade formée de pieux nommés *ualli*[5] que les soldats romains transportaient pendant leurs marches ; ce sens militaire est confirmé par de nombreux emplois littéraires où *uallum* désigne un obstacle ou une protection

détruit lors de son abandon, et B, qui est notablement plus grand, a réutilisé trois de ses côtés et trois de ses portes, en réaménageant celles-ci.

1. Chr. C. L. Lange, éd., p. 199.

2. Cf. *infra*, § 83.

3. Je n'ai pu consulter l'article de J.-P. Wild, cité comme devant paraître dans la revue *Archaeologia Cambrensis* par J. K. St Joseph, in *J. R. S.* 59, 1969, p. 107, n. 13, article qui a amené ce dernier à adopter la forme correcte du mot.

4. C. Schuchhardt, *Die Römer als Nachahmer im Landwehr- und Lagerbau*, in *Sitzungsberichte der Preussischen Akademie der Wissenschaften*, 1931, p. 608-634 (p. 630).

5. Veg., *Mil.* 3, 8 : *ualli, hoc est sudes uel tribuli lignei, per ordinem digeruntur.*

formés d'éléments juxtaposés : ainsi Cicéron parle de la « barrière des cils » et Aulu-Gelle de la « barrière des dents »[1]. Mais dès l'époque classique, le mot a pris une signification plus large ; on trouve par exemple chez César l'expression *in uallo permanere*, où *uallum* désigne manifestement l'ensemble du retranchement formé par la palissade et le talus sur lequel est plantée celle-ci[2].

C'est en ce sens qu'il faut comprendre le mot dans le *De munitionibus*. Le talus — large de 8 pieds, soit 2,40 m., et haut de 6 pieds, soit 1,80 m. — est fait de mottes de gazon, *caespites*, taillées selon le procédé bien connu[3], ou de pierres qui peuvent varier de grosseur et reçoivent donc le nom de *saxa* ou de *caementa* ; on rapprochera ce dernier terme de l'*opus caementicium*, fait de « petits éclats de pierre » noyés dans un liant. Les *saxa* et les *caementa*, rochers et cailloux, sont d'une taille qui autorise leur transport et Hygin les désigne plus bas sous le terme générique de « pierre qu'on peut déplacer », *lapis mobilis*.

83. Hygin mentionne également comme partie de ce rempart un parapet, *lorica*[4]. Parfois, ce mot semble être un équivalent de *uallum* dans son sens primitif : on lit ainsi dans les *Annales* : *dein fossam loricamque contexens quattuor milia passuum ambitu amplexus est* (*Ann.* 4, 49, 2) ; mais les deux mots ne sont pas exactement synonymes puisque le même Tacite les distingue dans les *Histoires* : *loricam uallumque ... Treuiri struxere*[5]. Il existe donc certainement une différence technique entre les deux mots, imprécise pour nous, qui pourrait bien résider dans le fait que le *uallum* est fait de pieux juxtaposés, alors que la *lorica* semble plutôt composée de panneaux entrelacés que l'on rassemble[6]. Il s'agit donc bien, croyons-nous, dans le texte d'Hygin

1. Cic., *Nat. Deor.* 2, 57 : *munitae sunt palpebrae tamquam uallo pilorum* ; Gell. 1, 15 : *uallum esse oppositum dentium.*

2. Caes., *Gall.* 7, 41, 2 : (*nostri*) ... *quibus propter magnitudinem castrorum perpetuo esset iisdem in uallo permanendum.*

3. Veg., *Mil.* 3, 8 : *caespes autem circumciditur ferramentis, qui herbarum radicibus continet terram, fit altus semissem, latus pedem, longus pedem semis.* Cf. Caes., *Gall.* 3, 25, 1 ; Plin., *Nat.* 35, 169...

4. Identifier *lorica* et *clauicula* comme le fait A. Grillone (éd., p. xx : « loricam sive claviculam constituit ») est totalement arbitraire.

5. Tac., *Hist.* 4, 37, 5 ; cf. Caes., *Gall.* 7, 72, 4 : *aggerem ac uallum XII pedum extruxit. Huic loricam pinnasque adiecit...*

6. Caes., *Gall.* 5, 40, 6 : *pinnae loricaeque ex cratibus attexuntur.* Cf. J. Harmand, *L'armée et le soldat à Rome*, Paris, 1967, p. 114 et n. 116.

également, d'un parapet continu — à la différence des *pinnae* qui sont des merlons — que l'on ajoute au-dessus de la palissade du *uallum*[1].

En tout cas, ce parapet ne peut pas désigner la fortification qui se trouve derrière le *titulum*, en avant des portes. La simple logique — que faire des terres retirées lors du creusement de celui-ci? — et les exemples connus de *titulum* montrent que derrière ce fossé se trouve un rempart du même type que celui qui entoure le camp (fig. 8)[2]. Le nom de celui-là est donc le même, *uallum*, et il est construit près du *titulum* comme l'autre l'est près des fossés du camp, *ad titulum* et *ad fossas*.

84. Le rempart, dans son ensemble, est considéré comme sacré, et non pas le fossé ou le parapet, qui n'est qu'un élément secondaire. Le juriste Modestinus établit, en effet, une distinction entre le soldat qui escalade le rempart et celui qui franchit le fossé : le premier est puni de mort, le second expulsé de l'armée : *necnon et si uallum quis transcendat aut per murum castra ingrediatur, capite punitur; si quis uero fossam transiluit, militia reicitur* (*Dig.* 49, 16, 3); la différence de traitement laisse à penser que c'est le rempart qui doit être qualifié de sacré plutôt que le fossé. On en trouverait une preuve supplémentaire dans les analyses de W. Seston, qui établit que les portes et les murs des villes ne sont pas des *res sacrae*, puisqu'elles sont frappées, en fait, d'une « simple » *sanctio* humaine[3]. La force d'un tel interdit et l'extrême gravité de la peine attachée au franchissement du mur expliquent le rôle joué par cette appellation dans le maintien de la discipline à l'intérieur du camp et pour former les soldats à respecter celle-ci, *causa instructionis.*

B. — Les fortifications de fortune.

85. Le rempart et le fossé constituent la fortification

1. On pourrait voir là une justification à l'adjectif *parua* que les éditeurs accolent au mot *lorica*, au § 40, pour corriger ce passage corrompu et difficilement lisible.

2. Camps de Bagraw, Featherwood-West, Birdhope, etc..., en Grande-Bretagne. Cf. R. G. Collingwood et I. A. Richmond, *The Archaeology of Roman Britain*, Londres, 1971, fig. 2, p. 10.

3. W. Seston, *Les murs, les portes et les tours des enceintes urbaines et le problème des res sanctae en droit romain*, in *Mélanges Piganiol*, 3, Paris, 1966, p. 1489-1498.

normale du camp et on n'utilise les cerfs, les armes et les remblais que lorsque le terrain ne se prête pas à la construction de l'un ou de l'autre. Ces fortifications de fortune sont examinées par Hygin selon leur ordre décroissant d'efficacité.

Les cerfs. **86.** On y a recours lorsque le terrain est trop friable pour permettre la taille des mottes de gazon ou le creusement du fossé, ou lorsque le site ne fournit pas de pierres susceptibles d'être déplacées. Le texte du manuscrit : *neque lapidem mobilem nisi copiosum uallum extrui potest*, ne présente pas un sens satisfaisant : on voit mal une armée, même si elle a un respect absolu et quasi-religieux des règles établies, ne pas construire un rempart sous prétexte qu'il serait trop gros (*nisi copiosum uallum*). Nous comprenons que le site envisagé par Hygin est un endroit rocheux, où les quartiers de rocs sont en général trop gros pour être facilement déplacés : avec les quelques pierres qui peuvent l'être, de la grosseur des *saxa* ou des *caementa* (*lapide mobili*), on ne peut construire un rempart suffisant (*neque ... satis copiosum uallum*). Ces cerfs sont des troncs d'arbres munis de leurs branches, nommés ainsi, nous dit Varron (*Ling.* 5, 117), « à cause de la ressemblance avec les bois du cerf ». On notera que dans les travaux effectués par César devant Alésia des cerfs, *cerui*, sont également utilisés, simplement pour renforcer la fortification ; à Alésia encore, des troncs d'arbre munis de leurs branches sont plantés en terre dans des pièges et nommés « cippes »[1].

Les armes. **87.** Ce mode de protection a pu paraître curieux et il l'est effectivement, mais rien ne nous autorise à voir dans *arma* un équivalent de *armati*[2]. La présence de gardes plus nombreux, les patrouilles répétées des cavaliers, indiquent même qu'il s'agit bien d'armes. Le contexte ne permet pas de savoir si, pour Hygin comme pour les auteurs classiques, *arma* désigne les armes défensives par opposition à *tela* : la fortification serait alors composée de lignes de boucliers. Il est probable en tout cas que toutes les armes disponibles n'étaient pas utilisées et que les soldats pouvaient donc répondre rapidement à une attaque.

1. Caes., *Gall.* 7, 72, 4 : *grandibus ceruis eminentibus ad commisuras pluteorum atque aggeris* ; *Gall.* 7, 73, 2-4 : *itaque truncis arborum admodum firmis ramis ... hos cippos appellabant.*
2. M. Masquelez, *Castramétation*, p. 438-439.

On peut rapprocher ce mode de fortification du passage de Tite-Live qui décrit la méthode de combat de l'armée romaine ; pendant la bataille, les triaires plantent leur lance devant eux : Tite-Live nous dit alors (8, 8, 10) : ***haud secus quam uallo saepta inhorreret acies***; les lances plantées en terre font penser à une palissade : dans les cas exceptionnels peut-être pouvaient-elles remplacer celle-ci.

Les remblais. 88. Mentionnée en dernier lieu, cette fortification est sans doute la moins efficace ; elle est employée lorsque le site est rocheux ou sableux. Par ces mots, Hygin reprend et résume, croyons-nous, les indications qu'il donnait à propos des cerfs : un site rocheux interdit le déplacement de pierres en nombre suffisant pour bâtir un rempart, un site sablonneux interdit le creusement des fossés. Mais le remblai est utilisé lorsqu'on n'a pas de cerfs et qu'on ne peut, pour une raison ou pour une autre, planter les armes. Il s'agit sans doute d'un amas d'éléments divers recueillis sur place, cailloux, terre, branchages, etc..., ou d'un amas de sable, qui forme un monticule ; Isidore de Séville définit ainsi l'*agger* comme un « amoncellement de n'importe quoi », *agger est cuiuslibet rei aceruatio* (*Orig.* 15, 9, 3). Par opposition au talus du rempart, construit avec le même matériau et d'une manière régulière, c'est une fortification faite de matériaux variés et entassés sans ordre ; le remblai est même moins efficace que les cerfs ou les armes, car il ne présente pas de saillies qui puissent gêner les assaillants. C'est la protection minimale du camp.

C. — Éléments complémentaires de la fortification.

Les angles. 89. Les angles du camp sont arrondis pour éviter tout saillant dans la fortification, qui favoriserait les entreprises des assaillants en exposant les défenseurs à des tirs convergents. On a également depuis longtemps remarqué que l'angle de l'enceinte empêchait de tirer dans le secteur correspondant à l'angle opposé par le sommet à celui de la fortification. Nous reproduisons ici l'explication détaillée de Masquelez : « En outre, les anciens avaient trop d'expérience de la guerre pour n'avoir pas remarqué que les soldats, quand ils emploient les armes de jet, ne tirent jamais que droit devant eux et se décident difficilement à le faire obliquement ; il en résulte que leurs projectiles, dans la défense d'un retranchement, suivent habituellement des directions perpendiculaires à la face qu'ils défendent, par conséquent n'atteignent pas l'ennemi qui se trouve dans l'intérieur de l'angle formé par les perpendiculaires élevées sur deux faces contiguës, au point où ces deux faces se rencontrent. Cet angle, où l'assaillant n'est généralement pas atteint, ... a reçu à notre époque une dénomination caractéristique : on l'appelle « secteur sans feu » (fig. 6)[1].

Les explications techniques données par Hygin ne sont pas très claires ; nous nous sommes efforcé de donner un sens au texte tel qu'il nous a été transmis. En particulier, Hygin indique bien qu'il faut à l'arrondi *deux* largeurs, *latitudines*, de 60 pieds pour qu'il soit un quart de cercle parfait (lignes AB et AC sur la fig. 6) ; ces deux largeurs sont données par les deux lignes de fond des cohortes campées près du rempart, *cohortes quae efficiunt*, et l'arrondi est tracé à partir du point de rencontre de ces deux lignes, *ex angulo*. Le point le plus délicat réside dans le sens de *exteriores* : le rempart ayant une certaine largeur, la logique voudrait que l'on désignât, sur un plan, sa paroi intérieure par *linea interior*, sa paroi extérieure par *linea exterior* : c'est bien ce que fait Hygin au § 55. Ici, la largeur de l'*interuallum* étant bien de 60 pieds et rien n'indiquant que la largeur du rempart soit prise sur cet espace, il faut comprendre *exteriores* (s. e. *lineas*) comme désignant les lignes intérieures du rempart, parallèles aux deux lignes de fond des cohortes et situées, pour un observateur placé dans le camp, au-delà, à l'extérieur de celles-ci.

La clef. **90.** Les explications d'Hygin ne sont guère plus claires pour l'ouvrage qu'il nomme *clauicula* que pour l'arrondi des angles. Son but, en revanche, est évident : il doit empêcher l'assaillant de pénétrer en ligne droite dans le camp, l'obliger donc à accomplir un crochet de telle sorte qu'il présente au défenseur, à un moment ou à un autre, son flanc droit laissé à découvert par le bouclier qu'il porte au bras gauche. La clef ferme donc la porte du camp, d'où le nom de l'ouvrage. Le mot même se trouve déjà dans Vitruve, mais son emploi pour désigner une fortification est propre à Hygin.

Celle-ci est sans doute formée d'un quart de cercle : c'est ce qu'exprime Hygin, croyons-nous, par l'expression *similiter circinatur*, qui fait suite immédiatement à *efficitur partem quartam* du § 54. La plupart des clefs découvertes lors

1. M. Masquelez, *Castramétation*, p. 441-442.

de fouilles de camps présentent cet aspect, qu'elles soient internes ou externes. En particulier, c'est la forme que revêtent à Cawthorn les clefs du camp B, dont les portes sont protégées par un double ouvrage, à la fois interne et externe, et celles du camp C, toutes externes (fig. 9)[1]. Cela exclut l'interprétation qu'en donne Domaszewski (fig. 10).

Il reste cependant qu'à Cawthorn, le centre des cercles est situé au pied du rempart, à l'extrémité de la porte, alors qu'Hygin indique comme centre un point situé sur la ligne intérieure du *uallum*, au centre de la porte. Un quart de cercle tracé de ce point aurait donc un rayon de 30 pieds, mais laisserait 30 pieds dégarnis sur la largeur de la porte[2] : la clef ne remplirait plus son office.

91. Pour F. Stolle[3], il ne faut cependant pas confondre « largeur de la porte » et « largeur de l'ouverture » (« Breite des Tores » et « Breite der Toröffnung »). La largeur de la porte, qui est la largeur de la rue, n'est pas totalement ouverte pour le passage : elle est occupée d'un côté par l'ouvrage en quart de cercle appelé « clef », de l'autre par le prolongement, sur 30 pieds, du rempart et du fossé (fig. 11). Cette interprétation pourrait se fonder sur plusieurs types de témoignages archéologiques. D'une part, l'ouverture des portes d'un camp romain est inférieure aux 60 pieds, 18 m., donnés par Hygin. De toutes les portes dont les plans ont été rassemblés par T. Bechert[4], rares sont celles dont la largeur dépasse 10 m. Entre les deux tours qui encadrent la porte nord-est, ou *porta praetoria*, du camp d'Albing, la distance est de 17,60 m., soit 60 pieds romains ; mais cette porte, la plus large de toutes celles citées par T. Bechert, est très exceptionnelle dans la série ; elle est de plus divisée en trois passages, qui laissent une ouverture de seulement 10,50 m., et dont le plus large n'a que 4,50 m. La largeur moyenne des portes de camp, y compris celle des grands camps légionnaires, Lambèse, Neuss, Caerleon, est comprise

1. I. A. Richmond, *Cawthorn*, p. 42-43, 55-57 ; planches VII et XXI.
2. Pour la largeur des portes, cf. *supra*, § 81.
3. F. Stolle, *Lager*, p. 120-121 et fig. p. 119. Le croquis de la page 119 donne une largeur de 17 pieds à l'ouverture, ce qui contredit les indications d'Hygin ; mais le principe de reconstruction de la clef peut être admis.
4. T. Bechert, *Römische Lagertore und ihre Bauinschriften*, in *Bonner Jahrbücher* 171, 1971, p. 201-287.

entre 7 et 9 m. D'autre part, le plan de certains camps légionnaires, comme ceux de Neuss ou d'Inchtuthil, dont les portes sont munies de tours, montre que le fossé qui entoure le camp s'interrompt à l'aplomb de ces tours sans passer à leurs pieds : on a alors une longueur de 25 m. environ sans fossé. Cela pourrait correspondre à la « largeur des portes » selon F. Stolle, le rôle de protection des deux tours étant joué alors dans le camp d'Hygin d'un côté par la clef en quart de cercle, de l'autre par le prolongement du rempart. Enfin, dans le camp B de Masada où chaque porte est munie d'une clef interne — et autant que l'on puisse en juger étant donné l'irrégularité du plan de ce camp (sa forme se rapproche plus d'un losange que d'un rectangle, dont le côté est n'est pas exactement parallèle au côté ouest ; les lignes de baraquements ne sont pas non plus parallèles aux directions du rempart) et l'imprécision des plans publiés [1], il semble qu'effectivement le côté du rempart opposé à chaque clef déborde au-delà de l'alignement des baraquements qui limitent les rues.

92. Malheureusement, cette vue ne reste pour nous qu'une hypothèse, il est vrai séduisante, qui n'est appuyée sur aucune indication précise dans le texte d'Hygin. En réalité, les diverses interprétations de ce passage reposent sur la conviction que la clef est constituée d'un seul élément arrondi, que l'on place généralement vers l'intérieur du camp. Il est possible qu'Hygin désigne par *clauicula* non pas un, mais deux éléments en quart de cercle, l'un à l'intérieur du camp, l'autre à l'extérieur, dont les extrémités se trouvent sur une ligne perpendiculaire à la ligne intérieure du rempart au point médian de la porte (fig. 12). Le compas, dont la pointe est placée en ce point, peut ainsi être considéré comme décrivant un cercle unique, *circinabis in eandem lineam,* indication d'Hygin dont les précédentes interprétations ne rendent pas compte ; deux quarts de cercle opposés sont cependant laissés libres pour une voie, *praeter uiam circinabis,* perpendiculaire au rempart mais ne permettant pas l'entrée directe dans le camp, large de 30 pieds, ce qui est la largeur de la voie de couverture. Le diamètre de ce cercle reste de 60 pieds, largeur supérieure à celle des portes des camps fouillés, mais l'ouverture libre vers l'intérieur du camp est de 43 pieds environ (soit un peu moins de 13 m. ;

1. En dernier lieu, I. A. Richmond, *The Roman Siege-works of Masada, Israël,* in *J. R. S.* 52, 1962, p. 142-155 (fig. 6).

ligne AB sur la fig. 12) et vers l'extérieur, elle n'est plus que de 34 pieds (soit 10,20 m. ; ligne CD sur la fig. 12). Nous aurions donc, en fait, dans ce texte, la description d'un ouvrage double, analogue à celui que nous avons trouvé à Cawthorn B (fig. 9), bien qu'un peu moins efficace en raison même du centre choisi[1]. Cawthorn étant un camp bâti pour l'entraînement des troupes, on ne s'étonnerait pas d'y découvrir le système complet de la clef, répondant à des principes respectés plus ou moins scrupuleusement dans la pratique. La clef double se trouve du reste dans quelques camps, à Oakwood dans le Selkirkshire, à Dalginross (Pertshire) dans un camp vu par le général Roy, mais détruit depuis[2].

93. Enfin se pose la question de savoir si *titulum* et *clauicula* peuvent coexister dans un même système de défense. Si l'on considère, avec F. Stolle, que la clef est un ouvrage uniquement intérieur, les deux protections peuvent être employées conjointement. Il faut cependant noter qu'une semblable combinaison est très rare dans la pratique ; les deux seuls exemples qui nous semblent assurés sont ceux des camps de Glenwhelt Leazes et de Chapel Rigg, près du mur d'Hadrien, dans la région de Carvoran[3]. Si, comme

1. Les deux arrondis, à Cawthorn B, dépendent, en fait, de deux centres, situés chacun à une extrémité de la porte, l'un sur la ligne intérieure du rempart (pour l'ouvrage interne), l'autre sur la ligne extérieure (pour l'ouvrage externe).

2. K. A. Steer et R. W. Feachem, *The Roman fort and temporary camp at Oakwood, Selkirkshire*, in *Proceedings of the Society of Antiquaries of Scotland* 86, 1954, p. 81-105 (p. 84). Ce camp date des années 80 ap. J.-C.

3. J. Collingwood Bruce, *Handbook to the Roman Wall*, 12e éd., par I. Richmond, Newcastle-upon-Tyne, 1966, p. 155. U. Kahrstedt, dans son article *Lager mit Clauiculae*, in *Bonner Jahrbücher* 138, 1937, p. 144-152, cite comme autres exemples les camps de Knebling-hausen, au sud-ouest de Paderborn et de Featherwood, dans le Northumberland. Dans le premier cas, il s'agit d'une indication, découverte *post mortem* dans les papiers de K. Hartmann, qui avait fouillé le camp, indication qu'aucun plan ne venait appuyer et qui ne semble avoir reçu aucune confirmation sur le terrain. A Featherwood, H. Mac Lauchlan, in *Memoir written during a Survey of Watling Street*, Londres, 1852, p. 39, indique effectivement une porte munie d'une *clauicula* et d'un *titulum*, mais les plans publiés postérieurement (cf. R. G. Collingwood et I. A. Richmond, *The Archaeology of Roman Britain*, Londres, 1971, fig. 2 et notre fig. 8) indiquent simplement des *titula*. Il faut ajouter le camp de *Chew Green IV* ; cf. notre article

nous le pensons, la clef décrite par Hygin comprend à la fois un élément intérieur et un élément extérieur, la présence d'un *titulum* est alors exclue. La construction des clefs de Cawthorn B a ainsi entraîné la destruction des *titula* du camp A lorsque les portes de celui-ci étaient réutilisées pour la seconde construction [1].

Les accès et les plates-formes pour machines de jet. 94. Les derniers aménagements prévus par Hygin sont les accès au rempart et les plates-formes pour les machines de jet. La présence d'accès au rempart, rampes ou escaliers, confirme que celui-ci était muni d'un chemin de ronde. Ils permettent d'accéder à un même point de ce dernier, que l'on vienne de la droite ou de la gauche, comme l'indique leur nom, *ascensus duplices*.

Les plates-formes pour les machines de jet doivent être placées « autour des portes, dans les saillants, à la place des tours ». La mention des tours — qui résulte d'une correction satisfaisante de Domaszewski : *in loco turrium* pour *in loco tyrium* — est assez surprenante. Hygin fait-il allusion aux emplacements habituels des tours dans les camps permanents, tours dont les plates-formes joueraient le rôle dans le camp qu'il décrit ? Mais la construction de ces plates-formes est bien plutôt guidée par les nécessités du terrain, puisqu'elles servent à protéger les côtés les plus menacés du camp. On comprend alors leur présence autour des portes et dans les angles, mais on aimerait savoir comment elles peuvent se combiner avec la clef...

Notons que le camp de Cawthorn A possédait une telle plate-forme, dans son angle sud-ouest, et que le camp B en possédait six, de conception plus grossière que la première, réparties très inégalement sur les côtés nord, est et sud [2]. Aucune d'entre elles ne se trouve près d'une porte.

D. — L'emplacement du camp.

95. Hygin établit une hiérarchie des emplacements possibles pour un camp, selon qu'ils se trouvent sur une pente douce, en plaine, sur une colline (sans doute *sur le sommet* d'une colline), sur une montagne ou dans un lieu obligé. On a déjà noté [3] que César utilisait fréquemment le premier

Lager mit « claviculae », in *M. E. F. R. A.* 89, 1977, p. 698-722 (tableau, p. 704-705 et n. 70).

1. I. A. Richmond, *Cawthorn*, p. 78.
2. I. A. Richmond, *Cawthorn*, p. 33 et pl. VIII, p. 57-58, fig. 11 et pl. XX.
3. M. Masquelez, *Castramétation*, p. 447-448.

de ces emplacements ; ainsi lors de la bataille près de l'Aisne en 57, il a établi son camp « sur une colline dominant un peu la plaine », *collis ubi castra posita erant paululum ex planitie editus* (*Gall.* 2, 8, 3 ; trad. Constans). Un passage du même livre montre que la porte décumane, dans un autre camp, est placée près du sommet d'une colline, confirmant ainsi l'indication d'Hygin[1].

96. Le camp d'Hygin ne possède pas une orientation fixe, puisque la porte prétorienne doit toujours être tournée du côté où se trouve l'ennemi. Pour cette porte, Végèce, lui, donne trois positions possibles : elle doit regarder vers l'est, ou du côté de l'ennemi, ou dans la direction que doit emprunter l'armée[2]. On rapprochera l'indication d'Hygin d'un texte de Tacite ; pendant le repli difficile des troupes de Germanicus après la campagne contre les Germains, à la suite d'une méprise, une panique se déclare dans le camp de Cécina : « ce fut alors un affolement général, dans la croyance que les Germains avaient fait irruption ; tous se ruèrent vers les portes, gagnant sur tout la décumane qui, située à l'opposé de l'ennemi, était plus sûre aux fuyards », *ut cuncti ruerent ad portas, quarum decumana maxime petebatur, auersa hosti et fugientibus tutior* (*Ann.* 1, 66, 2 ; trad. Wuilleumier). Le camp de Cécina était donc bien établi suivant le précepte transmis par Hygin.

97. Les précautions générales à prendre et les positions défavorables qu'indique Hygin sont également celles de Végèce[3]. Celui-ci ajoute cependant la nécessité d'avoir dans le camp ou à proximité, du bois et du fourrage. L'attention portée à la présence de l'eau non loin du camp rappelle les conditions de la bataille d'Aquae Sextiae, en 102 av. J.-C. : les *metatores* ayant choisi un site dépourvu d'eau pour implanter le camp, les troupes de Marius, furieuses, se jettent sur les Barbares, qui, eux, sont établis non loin du fleuve, pour pouvoir assouvir leur soif...[4]. Il faut également éviter

1. Caes., *Gall.* 2, 24, 2 : *ab decumana porta ac summo iugo collis.*
2. Veg., *Mil.* 1, 8 : *Porta autem quae appellatur praetoria aut orientem spectare debet aut illum locum qui ad hostes respicit aut si iter agitur, illam partem debet adtendere ad quam est profecturus exercitus.* Sur la non-orientation des camps romains, cf. J. Le Gall, *Les Romains et l'orientation solaire*, in *M. E. F. R. A.* 87, 1975, p. 287-320 (p. 292-295).
3. Veg., *Mil.* 1, 22 ; 3, 8.
4. Front., *Strat.* 2, 7, 12. Plutarque (*Mar.* 18, 6) et Orose (*Hist.* 5,

que l'ennemi puisse atteindre le camp, soit de loin par ses projectiles, soit en mettant à profit le couvert d'un accident de terrain pour s'approcher sans être repéré. Le dernier danger signalé — le risque d'inondation du camp par un torrent subitement gonflé — pour étrange qu'il soit, est repris, lui aussi, par Végèce[1]. Peut-être y a-t-il là un souvenir de la catastrophe qui menaça l'armée de Cérialis pendant la guerre contre Civilis, à l'automne 70 : les pluies de l'équinoxe ont fait déborder le Rhin et mettent l'armée en grand péril, puisqu' « on n'avait à sa disposition ni flotte ni convois et les camps situés en plaine étaient emportés en tous sens par la violence du courant. A ce moment, on aurait pu écraser les légions... », *nec classis aut commeatus aderant, castraque in plano sita ui fluminis differebantur. Potuisse tunc opprimi legiones* (*Hist.* 5, 23,7 - 24,1 ; trad. Goelzer).

Toutes ces positions sont appelées marâtres, *nouercae.* Le mot *nouerca* a, dès l'époque de Plaute (*Pseud.* 314), un sens péjoratif ; cependant, Hygin ne l'applique pas à une personne, mais à une chose. Il est employé au figuré pour qualifier l'Italie par rapport aux étrangers, en réalité les plébéiens, qui y vivent[2] : le mépris frappe alors surtout ces derniers. Il peut désigner également, dans le langage des arpenteurs, un canal de drainage qui sert de limite aux champs : c'est alors un synonyme de *canabula*[3] et l'intention péjorative est loin d'être claire. Sans doute avons-nous avec le texte d'Hygin le souvenir d'une tradition purement orale, du *sermo castrensis*, argot militaire qui a gardé sa saveur à travers les siècles.

IV. — Essai de reconstitution du camp type

98. Après avoir passé en revue les différents corps de troupes, la manière dont chacun doit camper (§§ 1-21),

6, 10) voient dans ce choix une habileté de Marius pour exciter ses hommes et les contraindre au combat. Les deux versions concordent sur le rôle capital joué par le manque d'eau dans le déroulement de la journée.

1. Veg., *Mil.* 3, 8 : *cauendum ... ne subitis tempestatibus campus, in quo manendum est, soleat inundari.*

2. Vell. 2, 4, 4.

3. Par exemple, Lib. Col. II, p. 252 : *Adrianus ager ... finitur per rationem arcarum riparum canabularum uel nouercarum, quod tegulis construitur.*

et après avoir résumé ces données tout en apportant certaines explications de détail nécessaires (§§ 23-29), Hygin envisage, comme « hypothèse de travail », une armée complète, comprenant des unités variées, qui forment un abrégé de l'armée de son époque, et il montre quel doit être le travail préparatoire à l'établissement du camp. Malheureusement, certaines explications de détail manquent, et nous avons perdu le plan qui, sans doute, accompagnait et illustrait sa démonstration. Comme les commentateurs qui nous ont précédé, nous avons tenté à notre tour de reconstruire ce camp, sans nous dissimuler ce qu'une telle entreprise peut avoir d'aléatoire, en essayant de respecter au mieux les indications de l'auteur[1].

Rappelons tout d'abord quelles unités composent ce camp (§ 30) :

3 légions.
1600 vexillaires.
4 cohortes prétoriennes.
400 cavaliers prétoriens.
450 cavaliers d'élite de l'empereur.
4 ailes milliaires.
5 ailes quingénaires.
600 cavaliers maures.
800 chasseurs pannoniens.
500 soldats de la flotte de Misène.
800 soldats de la flotte de Ravenne.
200 éclaireurs.
2 cohortes montées milliaires.
4 cohortes montées quingénaires.
3 cohortes à pied milliaires.
3 cohortes à pied quingénaires.
500 Palmyréniens.
900 Gétules.
700 Daces.
500 Brittons.
700 Cantabres.
2 centuries de gendarmes.

99. Hygin, comme nous l'avons dit plus haut, respecte la hiérarchie des parties du camp, et envisage successivement les côtés du prétoire, la prétenture, la rétenture, la répartition des cohortes légionnaires autour du rempart. Mais il établit tout d'abord le nombre de soldats qui occuperont

1. Cf. fig. 13, à laquelle nous renvoyons pour tout ce qui suit.

la rétenture. Ce procédé, anormal, a embarrassé les commentateurs qui ont voulu y voir la preuve que la disposition des troupes dans la rétenture commandait, en fait, le schéma général du camp[1]. En réalité, les dimensions de la rétenture sont commandées certes par le nombre de soldats qui l'occupent, mais surtout par la largeur de la partie médiane (§§ 32, 42) qui donne la largeur du camp.

Il serait du reste étrange que ce soit la rétenture qui gouvernât l'établissement du camp, puisque dans cette partie se trouvent précisément des troupes « qui ont l'habitude de camper d'une manière plus ou moins serrée » (§ 40). Le calcul de l'effectif de la rétenture correspond donc, croyons-nous, à une nécessité pratique fort simple : c'est dans cette partie postérieure du camp que se placent les unités mixtes de fantassins et de cavaliers, donc les corps pour lesquels le mesureur a le plus de calculs à effectuer. Il est plus simple pour lui de les effectuer d'abord, pour pouvoir raisonner ensuite en fonction soit de cavaliers, soit de fantassins. De plus, Hygin vient d'exposer, au § 26, la méthode de transformation de l'effectif d'une cohorte montée milliaire en un nombre de fantassins : il utilise tout naturellement ce résultat le plus rapidement possible, pour n'avoir pas à y revenir dans le cours de son exposé.

A. — La partie médiane.

Dimensions. 100. Hygin raisonne ici sur la moitié du camp, autrement dit, il considère un espace compris entre l'*interuallum* et une ligne imaginaire prolongeant le côté de la voie prétorienne[2] et qui donne la largeur de la partie médiane, 720 pieds. Une fois ôtés 90 pieds, largeur de l'emplacement des cohortes légionnaires, et 30 pieds, largeur de la voie de couverture, il reste 600 pieds entre cette ligne imaginaire prolongeant le côté de la voie prétorienne et la voie de couverture. C'est ce qu'Hygin nommera plus loin « la moitié » (du camp), *dimidia pars* (§§ 34, 35).

La longueur du prétoire n'est pas indiquée ; on peut penser, d'après le § 9, qu'elle est de 720 pieds ; ce chiffre est confirmé par le nombre de cohortes légionnaires campant le long des côtés du prétoire : 16 cohortes légionnaires campent

1. A. Gemoll, *Die Hyginische Lagerbeschreibung*, in *Hermes* 14, 1880, p. 247-256 (p. 254-256) ; A. von Domaszewski, éd., p. 64-65.
2. Cf. *supra*, § 7 et fig. 1.

sur les côtés du camp (§ 44), c'est-à-dire parallèlement aux côtés longs de celui-ci ; on aura donc 8 cohortes de chaque côté ; or, 3 campent le long de la prétenture (§ 36) et 2 le long de la rétenture (§ 42) : le long de la partie médiane camperont donc 3 cohortes, occupant chacune une longueur de 240 pieds (§ 32), soit au total 720 pieds.

L'organisation des troupes sur les côtés du prétoire est sans doute celle qui présentait le moins de difficultés au mesureur et Hygin n'en parle que très brièvement. Il se contente d'indiquer quelle largeur est occupée sur la largeur totale par chaque élément essentiel : les corps de troupes, le prétoire, le piquet de garde, les compagnons de l'empereur, les voies. Mais il n'indique pas avec précision quels sont les différents corps de troupes qui campent là : il nous faudra donc chercher à déterminer quels ils sont.

Éléments autres que les corps de troupes. 101. Le prétoire reçoit 60 pieds sur la moitié du camp définie plus haut ; comme nous l'avons indiqué précédemment, sa largeur totale sera donc de 180 pieds[1], ce qui correspond aux chiffres donnés par Hygin au § 9 : « en ce qui concerne la largeur totale du prétoire, on peut la fixer entre 160 et 220 pieds ».

Le piquet de garde reçoit, lui, 20 pieds sur chaque côté du prétoire et les compagnons de l'empereur 60 pieds. Domaszewski, suivi par A. Grillone, supprime sur l'un des côtés l'emplacement du poste de garde et celui des compagnons de l'empereur, pour les remplacer par celui des membres de l'état-major, *officiales*. Nous avons déjà montré que le piquet de garde devait se trouver sur les deux côtés du prétoire[2] ; les membres de l'état-major, eux, ne reçoivent un emplacement distinct que lorsque l'effectif des cavaliers prétoriens et d'élite est tel qu'ils doivent camper ensemble : or ce n'est pas le cas dans le camp type. Il n'y a donc aucune raison de ne pas donner aux compagnons de l'empereur deux emplacements de 60 pieds de largeur, un sur chaque côté du prétoire[3].

Hygin prévoit 40 pieds pour les voies qui traversent le côté du prétoire. Ce chiffre résulte d'une correction, le manuscrit portant 50 pieds. Cette modification résulte d'une précédente correction, celle de la largeur accordée aux corps

1. Cf. *supra*, § 7.
2. Cf. *supra*, § 44.
3. L'erreur de Domaszewski provient de sa mauvaise interprétation du terme *officiales* au § 7, qu'il a rectifiée ensuite dans *Rangordnung*, p. 101 ; cf. *supra*, § 45 et n. 4, p. 54.

de troupes : le manuscrit porte 320 pieds, *CCCXX*. Or, comme le remarque Schele[1], ce chiffre n'est pas divisible par 30, largeur d'une demi-bande ; la correction la plus simple consiste à ajouter un *C* au chiffre cité plus haut et lire *CCCCXX*, 420, divisible par 30. Il reste alors, sur les 600 pieds de largeur de la partie médiane, 40 pieds pour les voies, soit une voie de 20 pieds à côté de l'emplacement de la cohorte première par analogie avec la prétenture[2], et deux voies de 10 pieds.

Les corps de troupes. 102. La seule indication sur ceux-ci est la largeur qu'ils occupent sur la largeur totale de la moitié du camp définie plus haut : 420 pieds, soit 14 demi-bandes. Nous devons donc tenter de déterminer quels sont ces corps à partir de cette unique donnée. Une demi-bande ayant 720 pieds de long, pour savoir combien de fantassins peuvent loger sur cette longueur, nous appliquerons la méthode indiquée par Hygin au § 35 : « retrancher un sixième à la longueur » puisqu' « un fantassin reçoit un pied et un cinquième » : une demi-bande peut donc recevoir 600 fantassins[3].

Quels sont maintenant les corps de troupes dont nous sommes sûrs qu'ils peuvent camper sur les côtés du prétoire?[4] : 2 cohortes premières (§ 3), 2 corps de vexillaires (§ 5), les 400 cavaliers prétoriens (§ 7), les 450 cavaliers d'élite de l'empereur (§ 7), les 4 cohortes prétoriennes (§ 6). Y campent également un certain nombre de cavaliers, d'ailes milliaires ou quingénaires (§ 23) ; or Hygin indique au § 34 que 4000 cavaliers campent dans la prétenture : on a tout lieu de penser qu'il s'agit des 4 ailes milliaires, donc que les 5 ailes quingénaires camperont sur les côtés du prétoire.

103. Calculons quel nombre de demi-bandes sera nécessaire pour faire camper ces troupes, étant donné qu'une

1. R. H. Schele, éd., p. 98.
2. Cf. § 36 et *supra*, § 12.
3. Si nous transposons ces indications en appelant N le nombre de fantassins et L la longueur totale occupée par ceux-ci, nous dirons : $L = N + N/5 = 6N/5$; il en découle que $N = 5L/6 = L - L/6$. Dans le cas précis, nous aurons : $720 - (720/6) = 720 - 120 = 600$.
4. Dans l'énumération qui suit, les §§ mentionnés entre parenthèses renvoient au passage du texte prouvant l'établissement de la troupe dans les côtés du prétoire.

demi-bande peut recevoir 600 fantassins. Les deux cohortes premières comptent pour 2400 hommes (1200 × 2) et occuperont donc 4 demi-bandes ; les 2 corps de vexillaires comptent comme 2 cohortes légionnaires, soit 1200 hommes, et occuperont 2 demi-bandes ; les 4 cohortes prétoriennes comptent pour 4800 hommes (1200 × 4) et occuperont 8 demi-bandes ; les cavaliers prétoriens et les cavaliers d'élite, nous le savons par les §§ 7-8, campent sur une bande entière, leur effectif pouvant varier (de 400 à « près de 500 » pour les cavaliers d'élite) à l'intérieur de cette bande : les 400 cavaliers prétoriens occuperont donc une bande, soit 2 demi-bandes ; les 450 cavaliers d'élite en occuperont autant. De même, les cavaliers d'une aile quingénaire campent, comme tous les corps autour du prétoire, « sur des bandes entières correspondant à leur emplacement réglementaire » (§ 9) : chaque aile quingénaire occupera également une bande, soit 2 demi-bandes[1], et les 5 ailes en recevront 10. Nous arrivons ainsi au tableau suivant :

2	cohortes premières occupent	4 demi-bandes
2	corps de vexillaires occupent	2 demi-bandes
4	cohortes prétoriennes occupent	8 demi-bandes
400	cavaliers prétoriens occupent	2 demi-bandes
450	cavaliers d'élite occupent	2 demi-bandes
5	ailes quingénaires occupent	10 demi-bandes.

On arrive ainsi, pour les deux côtés du prétoire, à un total de 28 demi-bandes, qui est bien le double du nombre indiqué pour la moitié de la partie médiane.

104. Nous pensons donc qu'il n'y a pas lieu d'introduire dans la partie médiane du camp d'autres troupes que celles-ci. Domaszewski y place, dans la bande de la cohorte première, une infirmerie, une infirmerie pour animaux et un atelier[2] : la place pour ces 1200 hommes supplémentaires[3] n'est pas dégagée par ailleurs et l'introduction de ces services se fait donc au détriment des autres corps de troupes, qui ne campent plus régulièrement. F. Stolle, qui critique justement cette disposition, introduit, lui, deux cohortes légionnaires en ôtant une aile quingénaire — qu'il place dans la prétenture,

1. Cf. *supra*, § 66.
2. A. von Domaszewski, éd., pl. II ; A. Grillone, éd., p. XVIII et fig. 8, et *Sul « De metatione castrorum » dello pseudo Igino*, in *Latomus* 36, 1977, p. 794-800 (p. 798).
3. Cf. *supra*, § 58. Le calcul des côtés du prétoire du camp type nous semble un argument supplémentaire contre la présence dans le camp de 3 infirmeries, 3 ateliers, 3 infirmeries pour animaux.

contre l'indication même d'Hygin puisqu'il n'y a dans cette partie que 4000 cavaliers d'aile. Cette substitution est, elle aussi, parfaitement arbitraire : Hygin, qui évoque la possibilité de placer une cohorte légionnaire dans les côtés du prétoire au § 4, énonce pour cela un certain nombre de conditions : les légions doivent être au nombre de cinq ou de six, la cohorte doit venir « à la place des vexillaires », *loco uexillariorum*, et l'on doit « tenir compte de son effectif exact », *numero suo*[1].

105. Il reste que la disposition de ces corps de troupes fait difficulté. En effet, sur chaque côté, la cohorte première et les vexillaires occuperont un emplacement de 90 pieds de large : c'est la seule possibilité qui s'offre pour qu'ils campent, comme le veut Hygin au § 9, « sur des bandes entières correspondant à leur emplacement réglementaire »[2]. Ils occuperont donc 3 demi-bandes et il en restera donc 11 pour placer les corps restants. Or tous ces corps, de par leur effectif, campent sur une bande entière, donc sur deux demi-bandes : sur chaque côté, ils occuperont donc un nombre pair de demi-bandes... Il faut donc diviser un des corps en deux parties pour qu'il occupe, non pas une bande sur un côté du prétoire, mais une demi-bande sur chaque côté.

Lange a choisi de diviser une aile quingénaire[3], solution bien sûr possible, mais qui est peu probable pour des raisons de discipline et n'est appuyée sur aucune indication du texte. Nous avons donc préféré séparer les cavaliers d'élite de l'empereur, puisqu'Hygin admet au § 7 qu'en cas de nécessité, une partie d'entre eux puisse être transférée sur le côté droit du prétoire, près des cavaliers prétoriens.

Nous aurons donc, en plus de chaque cohorte première et de chaque corps de vexillaires,

1. F. Stolle, *Lager*, p. 112-114 et pl. III. Au § 23, la phrase *si pedatura permiserit, uexillarii et cohortes secundae uel peditatae quingenariae super cohortes primas* n'est qu'un rappel de la possibilité évoquée au § 4.

2. En raison de la longueur de 720 pieds, une largeur moindre est exclue. Une largeur de 120 pieds entraînerait pour l'emplacement de la cohorte première et des vexillaires une longueur de 540 pieds : il resterait donc 4 demi-bandes de 180 pieds de long, espace insuffisant pour une des ailes quingénaires ; si la largeur était de 180 pieds, la longueur totale de l'emplacement serait de 360 pieds ; il resterait alors 6 demi-bandes de 360 pieds de long, espace nettement trop grand pour une aile.

3. Chr. C. L. Lange, éd., pl. II.

sur le côté droit du prétoire :
2 cohortes prétoriennes
400 cavaliers prétoriens
225 cavaliers d'élite
2 ailes quingénaires,
sur le côté gauche du prétoire :
2 cohortes prétoriennes
225 cavaliers d'élite
3 ailes quingénaires.

B. — La question de la prétenture et la disposition des cohortes légionnaires.

106. La disposition des troupes dans la prétenture pose le problème le plus délicat à résoudre, en raison même de l'obscurité du texte d'Hygin, qui, excepté pour les ailes milliaires, ne nous indique pas dans le détail quelles unités campent dans la partie antérieure du camp. Or, parmi ces troupes, on doit compter une ou plusieurs cohortes légionnaires : une comparaison s'impose entre les indications d'Hygin sur la prétenture et sur le campement des cohortes des légions. De tous les commentateurs qui ont essayé de résoudre ce problème, E. Fabricius est le seul, à nos yeux, à apporter une solution satisfaisante[1] et nous avons adopté ses conclusions.

Nous examinerons tout d'abord les termes dans lesquels se pose le problème du nombre des cohortes légionnaires dans la prétenture, et la démarche d'Hygin pour le calcul des dimensions de celle-ci et pour son aménagement intérieur, telle qu'elle ressort du texte avant les corrections de Fabricius. Cette démarche est parfois difficile à suivre dans le détail et il est bon, pensons-nous, de bien l'éclairer.

Nombre de cohortes dans la prétenture. 107. Hygin, au § 3, indique que, dans un camp de trois légions, deux cohortes premières campent dans les côtés du prétoire, puis envisage le cas de la troisième ; le manuscrit porte alors : *alia in praetentura similiter per rigorem uiae sagularis intrantibus portam praetoriam parte leuauit extra cohortem contrario tendat* ; l'idée générale est claire : dans la prétenture, on trouve une cohorte première dans la partie gauche et d'autres cohortes

1. E. Fabricius, *Über die Lagerbeschreibung des Hygin*, in *Bonner Jahrbücher* 118, 1909, p. 54-62.

légionnaires en face d'elle, donc dans la partie droite, les corrections *laeua* pour *leuauit* et *dextra* pour *extra* semblant s'imposer. Mais les auteurs divergent sur le nombre de cohortes opposées à la cohorte première ; Lange et W. Gemoll proposent : *cohortes duae contrariae tendant*, Domaszewski : *cohors contraria tendat*, A. Grillone : *cohortes contrariae tendant*.

Curieusement, Lange, Domaszewski et Grillone se retrouvent cependant d'accord pour placer, dans le plan du camp qu'ils donnent, *trois* cohortes légionnaires en face de la cohorte première. Ils se fondent sur l'analyse du § 44, qui résume les données concernant les légions ; le manuscrit porte le texte : *erunt itaque lateribus cohortes XVI praetendent et retendent quattuor milia et singulae sexaginta per CCCLX reliqui quattuor milia intra uiam sagularem*[1]. Les 16 cohortes sont réparties sur les côtés de la prétenture (3 × 2), du prétoire (3 × 2), de la rétenture (2 × 2). Les 4000 hommes qui campent en avant de la prétenture et en arrière de la rétenture, *praetendent et retendent*, forment, si l'on suit les commentateurs[2], 8 cohortes ; les 4000 hommes campant à l'intérieur de la voie de couverture devraient alors représenter également 8 cohortes, soit les 3 cohortes premières, qui ont un effectif double et donc comptent pour 6 cohortes, et 2 cohortes légionnaires : on n'aurait alors que 29 cohortes pour trois légions (16 + 8 + 2 cohortes légionnaires = 26, + 3 cohortes premières) ; les commentateurs admettent alors que le second chiffre de 4000 hommes représente 3 cohortes premières et 3 cohortes légionnaires.

Remarquons immédiatement que 8 cohortes légionnaires ont, en fait, un effectif de 3840 hommes, et reçoivent un emplacement pour 4800 hommes ; de même, 3 cohortes premières et 3 cohortes légionnaires ont un effectif de 4320 hommes, et seraient comptées pour 5400 hommes...

Démarche d'Hygin pour le calcul de la prétenture.

108. Nous savons que la largeur de la moitié du camp a 600 pieds ; dans la prétenture, où les demi-bandes sont perpendiculaires à la voie prétorienne[3], cette mesure est celle de la longueur d'une demi-bande, qui sera donc de

1. Nous donnons ici le texte avec les corrections orthographiques généralement adoptées par les éditeurs et les commentateurs ; le manuscrit porte, en particulier, *praetendensetretendent*.

2. Chr. C. L. Lange, éd., p. 194 ; M. Masquelez, *Castramétation*, p. 431. Ni Domaszewski ni Grillone ne traitent de ce problème précis.

3. Cf. *supra*, § 14.

30 pieds sur 600. Une aile milliaire, comptée pour 1000 cavaliers, occupera 5 demi-bandes, puisque chacune peut recevoir 600 : 3 = 200 cavaliers ; chaque moitié du camp recevant deux ailes milliaires, une longueur de 300 pieds (30 × 5 × 2) est ainsi occupée le long de la voie prétorienne (§ 34).

Il faut alors déterminer la longueur totale de la prétenture, donc le nombre de demi-bandes nécessaires pour faire camper le reste des troupes, qui doit par conséquent être calculé. Avec les « services techniques », infirmerie, atelier, infirmerie pour animaux, comptés pour 600 hommes, l'effectif total est de 9000 hommes ; la moitié de la prétenture recevra donc 4500 hommes. Or, une demi-bande recevra 500 fantassins[1] (§ 35).

Avec un effectif de 4000 hommes, il faut créer 8 demi-bandes ; la longueur totale de la prétenture est alors de 240 pieds (30 × 8) auxquels s'ajoutent les 300 pieds occupés par les ailes milliaires, soit 540 pieds. Le chiffre constituera en réalité la longueur minimale de la prétenture ; or, sur les côtés de celle-ci doivent prendre place des cohortes légionnaires, dont l'emplacement a une longueur de 240 pieds (§ 32) : sur 540 pieds de long pourraient trouver place 2 cohortes mais 60 pieds resteraient inoccupés ; il faut donc placer sur les côtés de la prétenture 3 cohortes, qui donnent à celle-ci une longueur de 720 pieds (240 × 3). Les troupes, ailes milliaires et effectif restant, n'occupant que 540 pieds, il reste 180 pieds disponibles ; 60 seront utilisés par des voies, une voie de 20 pieds en arrière de la cohorte première, quatre voies de 10 pieds entre les différentes unités ; 120 le sont par les *scamna* des légats et des tribuns (§ 36).

Si l'effectif restant (autrement dit les troupes autres que les ailes) comporte 1000 hommes en plus, la moitié de ce chiffre étant 500, il faut dégager une demi-bande dans chaque moitié du camp : nous voyons donc qu'ici Hygin raisonne sur un effectif total de 9000 hommes. Pour dégager cette demi-bande de 30 pieds de large, on ôte au *scamnum* des légats 10 pieds, 10 pieds au *scamnum* des tribuns et on supprime une voie de 10 pieds qui se trouvait entre les ailes : on a ainsi libéré 30 pieds sur la longueur totale de la prétenture, ce qui forme la demi-bande supplémentaire nécessaire (§ 37).

Si l'on ôte 1000 hommes à l'effectif, se trouve dégagée une bande de 60 pieds de large : on donne alors 80 pieds

1. Cf. *supra*, § 102 et n. 3, p. 97. Ici : 600 — 600/6 = 500.

au *scamnum* des légats, 70 à celui des tribuns et on crée de nouveau la voie de 10 pieds entre les ailes. La bande de 60 pieds est donc bien remplie en ajoutant 60 pieds au second schéma : 30 pieds de plus pour le *scamnum* des légats, 20 de plus pour celui des tribuns, 10 de plus avec la voie supplémentaire. Les 1000 hommes sont donc à ôter des 4500 de la moitié de la rétenture et Hygin raisonne ici sur un effectif global de 7000 hommes.

Les interprétations du passage. 109. Après avoir indiqué un effectif supplémentaire de 9000 hommes à placer à côté des ailes milliaires, Hygin examine donc successivement trois cas, selon que cet effectif est de 8000, 9000 ou 7000 hommes On considère généralement qu'il part de l'effectif de 8000 hommes pour la simple raison que le schéma est plus aisé à établir, mais que, comme pour le troisième cas, ce n'est là qu'une simple hypothèse de travail et que le chiffre à retenir pour l'effectif supplémentaire est 9000.

Mais les différentes dispositions de la prétenture que les commentateurs tirent de cette interprétation du passage se heurtent à des difficultés certaines. Lange, suivi à d'infimes détails près par Masquelez[1], inclut dans la prétenture 3 cohortes légionnaires, alors que, nous l'avons dit, il corrige le texte du § 3 en *cohortes duae* et qu'Hygin ne mentionne nulle part ailleurs cette hypothétique troisième cohorte ; de plus, il faut rappeler que la présence de 3 cohortes légionnaires ne permet pas de rendre compte du chiffre de 4000 hommes indiqué par Hygin pour les troupes légionnaires campant à l'intérieur de la voie de couverture. De même, Lange est amené à disposer certaines troupes à l'encontre des indications du texte : les éclaireurs ne campent pas dans la bande de la cohorte première ; l'atelier et l'infirmerie pour animaux sont placés dans la partie droite de la prétenture, alors que l'infirmerie est placée, elle, dans la partie gauche. L'ensemble de ces services est du reste compté pour 400 hommes et non pour 600, comme le texte invite à le faire[2].

Domaszewski, lui aussi, inclut dans la prétenture 3 cohortes légionnaires. Il assimile, pour la disposition des troupes, les cavaliers maures et les chasseurs pannoniens aux peuplades de la rétenture : l'emplacement qu'il leur assigne,

1. Chr. C. L. Lange, éd., pl. II ; M. Masquelez, *Castramétation*, plan.

2. Cf. *supra*, § 58.

de chaque côté de la voie prétorienne, a une longueur totale inférieure de 120 pieds à celle de l'emplacement normal[1]. Or rien dans le texte d'Hygin ne permet de raccourcir ainsi un des emplacements de la prétenture. De plus, les emplacements des soldats des flottes et ceux de ces cavaliers ne forment pas des rectangles : ils sont imbriqués les uns dans les autres, ce qui, là aussi, est contraire à toutes les habitudes d'Hygin[2]. On peut faire les mêmes remarques pour les plans proposés par A. Grillone qui accorde, par exemple, 2280 pieds aux Pannoniens au lieu de 2400, et 720 pieds à l'emplacement des seuls vexillaires (6 *hemistrigia* de 120 pieds), soit un emplacement pour 600 hommes ; or ceux-ci, d'après son calcul de la prétenture ne sont que 400 et il faut leur adjoindre, pour constituer une unité de 600 hommes, les éclaireurs qui, dans les plans, ont un emplacement particulier[3].

Stolle ne place dans la prétenture qu'une seule cohorte légionnaire, mais y inclut, en sus de tous les autres corps, une aile quingénaire, dont il est obligé de scinder l'emplacement en deux[4].

110. Mais surtout, si l'on admet ces reconstructions, il est impossible d'arriver au chiffre de 9000 hommes... Calculons, en effet, l'effectif des troupes dont nous sommes sûrs qu'elles campent dans la prétenture :

1	cohorte première comptée pour	1200 hommes
1	corps de vexillaires compté pour	600 hommes
	« services techniques » comptés pour	600 hommes
600	cavaliers maures comptés pour	1500 hommes
800	chasseurs pannoniens comptés pour	2000 hommes
1300	soldats de marine comptés pour	1300 hommes
200	éclaireurs comptés pour	200 hommes
1	cohorte légionnaire (au moins) comptée pour	600 hommes.

On arrive à un total de 8000 hommes. Qu'on ajoute, comme Domaszewski, 2 cohortes légionnaires ou, comme Stolle, une aile quingénaire[5], on aura un total de 9200 hommes. Lange, Masquelez et Grillone arrivent bien à ce chiffre de 9000, mais les premiers comptent les services techniques pour 400 hommes seulement. A. Grillone, lui, pense résoudre la

1. E. Fabricius, *op. cit.*, p. 56.
2. A. von Domaszewski, éd., p. 68 et pl. II.
3. A. Grillone, éd., fig. 9 et 11, introd. p. XIX-XX ; cf. *infra*, § 110.
4. F. Stolle, *Lager*, pl. III ; cf. *supra*, § 104.
5. Mais pas plus Domaszewski que Stolle ne présentent ce calcul.

difficulté en rapprochant vexillaires et éclaireurs, respectivement dans le camp type au nombre de 1600 et 200 : on peut alors avoir trois « unités » de 600 hommes et dans la prétenture campent les 200 éclaireurs et 400 vexillaires. Le total du tableau ci-dessus serait alors de 7800 hommes, auxquels s'ajouteraient 1200 hommes de deux autres cohortes légionnaires. Ce rapprochement n'est autorisé par rien dans le texte ; c'est négliger l'indication du § 5 qui montre clairement que les vexillaires sont comptés pour 600 hommes quel que soit leur effectif[1]. Nous avons également montré plus haut que la reconstruction de la prétenture par cet auteur n'est pas satisfaisante, et en particulier pour l'emplacement des vexillaires et des éclaireurs, pas plus que celle de Lange ou de Masquelez. Or, les deux effectifs de fantassins qu'indique Hygin pour la rétenture et la moitié de celle-ci, 13640 et 6820 (§ 31) montrent bien qu'il n'arrondit pas ses chiffres et n'aurait pas écrit 9000 pour 9200...

Interprétation de Fabricius. 111. Devant ces difficultés, Fabricius propose de voir dans le premier effectif envisagé par Hygin, au § 36, l'effectif réel des troupes à placer dans la prétenture, et donc de lire au § 35 : *fit numerus* $\overline{VIII}$*... fit* $\overline{IIII}$[2].

Cet effectif permet seul de placer les troupes d'une manière satisfaisante. La bande de la cohorte première devra contenir au moins 2600 places de fantassins : 1200 places pour la cohorte première, 600 pour les vexillaires, 600 pour l'infirmerie et les autres services, 200 pour les éclaireurs. Elle devra donc avoir une largeur de 180 pieds[3], ce qui donne un emplacement pour 3000 hommes. Les 400 places restantes peuvent être occupées par la moitié des soldats de la flotte de Ravenne. Il reste alors, sur la moitié gauche de la prétenture, 2 demi-bandes, puisque sur les 8 demi-bandes nécessaires au campement des 4000 hommes (§ 36), 6 sont occupées par l'emplacement de la cohorte première : elles peuvent accueillir 400 cavaliers, soit la moitié des Panноniens. Dans la partie droite, on placera la moitié des

1. Cf. *supra*, § 37.

2. Une seule faute a pu, du reste, entraîner facilement une mécorrection de l'autre chiffre. Schele avait proposé (éd., p. 101) de lire 8000 et 4000, mais au terme d'un raisonnement et d'un calcul très fantaisistes, et en incluant 3 cohortes légionnaires dans la prétenture.

3. Une largeur de 120 pieds, soit 4 demi-bandes, ne donne que 2000 places de fantassins.

Pannoniens sur deux demi-bandes ; l'emplacement opposé à celui de la cohorte première sera occupé par 3000 hommes : 400 soldats de la flotte de Ravenne, les 500 soldats de la flotte de Misène, les 600 cavaliers maures comptés pour 1500 hommes, et 480 légionnaires, une cohorte, comptés pour 600.

Les demi-bandes sont ainsi utilisées au mieux ; on créera bien 5 voies de quartier : une voie derrière la cohorte première, de 20 pieds, et 4 voies de 10 pieds.

112. Nous ajouterons que cette interprétation peut s'appuyer sur un passage du texte qui embarrassait les commentateurs : au début du § 36, l'*Arcerianus* porte : *Sed habemus numerum* $\overline{IIII}$; pour faire du développement qui suit une hypothèse de travail de l'auteur, Lange et W. Gemoll avaient corrigé en *Si habemus numerum* $\overline{IIII}$. On interprétera facilement le *sed* comme marquant un retour au fil du développement, interrompu pour faire place à des considérations sur la manière de calculer le nombre de soldats contenus dans un *hemistrigium*. Le chiffre de 4000 au début du § 36 est ainsi un rappel du chiffre obtenu par calcul au § 35. Les deux développements suivants présentent deux hypothèses de travail d'Hygin ; la première, nous pouvons le noter, est normalement introduite par *si* : *nunc si metator...*[1].

Les conséquences de cette disposition pour celle des cohortes légionnaires. 113. Nous avons montré plus haut[2] combien le chiffre de 4000 hommes transmis par le manuscrit pour le nombre de légionnaires campant en avant de la prétenture et en arrière de la rétenture d'une part, à l'intérieur de la voie de couverture d'autre part, est sujet à caution, puisqu'il ne correspond à aucun calcul possible. De plus, si la prétenture n'abrite qu'une cohorte légionnaire en plus de la cohorte première, ne camperont plus à l'intérieur de la voie de couverture que 4 cohortes : 3 cohortes premières et 1 cohorte légionnaire ; 16 cohortes campant sur les côtés du camp, il faut admettre que 10 cohortes campent en avant et en arrière du camp.

1. L'adverbe *nunc* ne marque pas ici un retour au réel après une hypothèse, puisqu'on le retrouve au début du § 38, *nunc e contrario*.

2. Cf. *supra*, § 107.

Fabricius remarque qu'au § 44 l'expression *et singulae sexaginta per CCCLX*, qui s'applique exclusivement à la phrase *praetendent et retendent quattuor milia*, n'a pas de rapport grammatical avec celle-ci et que le sujet de *praetendent* et *retendent* devrait être bien plutôt un mot comme *cohortes*, qui manque. Il pense donc qu'il a pu y avoir confusion, pour le scribe, entre une abréviation du mot telle que Ch et le signe CIↃ pour désigner les milliers, et propose de lire le § 44, comme nous l'avons reçu dans notre texte, *Erunt itaque lateribus cohortes XVI, praetendent sex, retendent quattuor cohortes et singulae sexaginta per CCCLX, reliquae quattuor cohortes intra uiam sagularem.*

114. Nous ajouterons à l'appui de cette correction deux remarques. La présence dans le même paragraphe de deux manières d'indiquer un nombre de cohortes, *cohortes XVI* à côté de *quattuor* et *sex*, n'est pas surprenante ; on trouve dans Hygin 110 mentions de nombre en chiffres et 36 mentions en toutes lettres ; mais si l'on ôte de ce décompte les mentions de nombre de pieds, on trouve 34 mentions en chiffres et 28 mentions en lettres : Hygin utilise donc tantôt l'un, tantôt l'autre système.

A l'inverse, la notation des milliers est d'une remarquable cohérence : si l'on excepte une faute manifeste, au § 42 où l'on trouve *DCDCCCXX* pour exprimer le nombre de fantassins de la rétenture, 6820, toutes les autres mentions de milliers se font au moyen de la barre horizontale au-dessus du chiffre des unités[1]. Ce passage, où le nombre de 4000 fait précisément difficulté, serait le seul où cette cohérence ne serait pas maintenue.

115. La présence de 6 cohortes en avant de la prétenture impose de leur donner un emplacement comparable à celui des cohortes campant sur les côtés du camp, soit 90 pieds sur 240 ; l'emplacement de 60 sur 360 est uniquement celui des cohortes campant en arrière de la rétenture. Comme le remarque encore Fabricius, le côté du camp où se trouve la porte prétorienne et qui est tourné vers l'ennemi (§ 56), est donc ainsi protégé, comme il paraît normal, à l'égal des côtés longitudinaux.

C. — La rétenture.

Les corps de troupes. 116. Hygin indique de façon très

1. §§ 21, 31 (2 fois), 34 (2 fois), 35 (2 fois), 36.

claire le nombre de fantassins qui occupent cette partie : 13640. Le nombre est exact et facile à retrouver avec les corps de troupes qui doivent, d'après les explications des passages précédents, camper dans la rétenture. Rappelons d'abord qu'une cohorte montée milliaire compte pour 1360 fantassins (§ 26) et qu'une cohorte montée quingénaire compte donc pour 680 hommes. Nous aurons le tableau suivant :

2 cohortes montées milliaires	comptent pour	2720 hommes
4 cohortes montées quingénaires	—	2720 hommes
3 cohortes à pied milliaires	—	3000 hommes
3 cohortes à pied quingénaires	—	1500 hommes
500 Palmyréniens	—	500 hommes
900 Gétules	—	900 hommes
700 Daces	—	700 hommes
500 Brittons	—	500 hommes
700 Cantabres	—	700 hommes
2 centuries de gendarmes	—	400 hommes.

Nous arrivons bien au chiffre de 13640 hommes.

Organisation générale. 117. Chaque moitié de la rétenture recevra donc 6820 places de fantassins, qui devront être réparties sur 17 demi-bandes. En effet, il faut ôter des 600 pieds de la largeur totale de cette moitié du camp 40 pieds pour les voies, autant que dans les côtés du prétoire, puisque les voies de quartier doivent traverser le camp. En donnant au *quaestorium* une largeur de 50 pieds, on aura ôté 90 pieds, soit 3 demi-bandes à la largeur totale, telle qu'elle a été définie plus haut. Le *quaestorium* aura donc une largeur totale de 160 pieds : 50 pieds dans chaque moitié du camp et 60 pieds correspondant à la largeur de la voie prétorienne[1] ; il sera donc bien, comme le veut Hygin au § 18, de largeur moindre que le prétoire.

Chaque demi-bande pourra recevoir 400 fantassins ; ce n'est là qu'un chiffre approché, la division de 6820 par 17 donnant un résultat infini (401, 176...). Le chiffre est approché à la valeur inférieure, ce qui n'est pas étonnant puisque « dans la rétenture, les soldats ont l'habitude de camper d'une manière plus ou moins serrée, à cinquante hommes près par bande ». La longueur d'une demi-bande sera donc de 480 pieds[2] ; les cohortes légionnaires campant sur les côtés du camp occupant des emplacements longs de 240 pieds,

1. Cf. *supra*, § 7.
2. Cf. *supra*, § 102 et n. 3 p. 97 ; 400 + 400/5 = 480.

deux d'entre elles pourront se placer sur le côté de la rétenture.

Disposition des troupes. **118.** La disposition des troupes dans la rétenture est connue dans son ensemble : les cohortes, montées ou à pied, campent près de la voie quintane, les peuples campent dans les espaces libres entre celles-ci et la voie de couverture. Mais la relative liberté laissée par Hygin dans le placement des peuplades ne doit pas faire oublier quelques principes essentiels, que les commentateurs n'ont pas toujours respectés. Ainsi Lange divise en deux parties une cohorte montée quingénaire, disposition dont nous avons déjà dit qu'elle était peu probable[1] ; il accorde à chaque cohorte à pied milliaire un emplacement beaucoup trop grand : 3 demi-bandes de 480 pieds de long, soit une longueur totale de 1440 pieds, alors que cette unité campe sur une longueur totale de 1200 pieds. Le nombre d'hommes par demi-bandes calculé par Hygin étant un résultat approché de très près, il nous semble inutile d'étendre à ce point certains emplacements pour, obligatoirement, en resserrer d'autres. De même, en reconstituant la rétenture, Domaszewski et A. Grillone oublient trop souvent que les emplacements réguliers des troupes sont des rectangles et non pas des formes géométriques variées imbriquées les unes dans les autres.

119. Nous avons donc tenté de proposer un plan qui tienne compte et de la disposition en grandes masses impliquée par le nécessaire prolongement des voies de quartier qui courent dans les côtés du prétoire et de l'emplacement réglementaire de chaque corps.

Si nous ne tenons pas compte de l'espace accordé dans chaque moitié de la rétenture au *quaestorium*, celle-ci sera divisée comme suit, en allant du *quaestorium* vers la voie de couverture : 3 demi-bandes ; une voie de 10 pieds ; 4 demi-bandes ; une voie de 10 pieds ; 7 demi-bandes ; une voie de 20 pieds ; 3 demi-bandes.

Une cohorte montée milliaire devra occuper une longueur de 1632 pieds[2], une cohorte montée quingénaire occupera de la même manière 816 pieds, une cohorte à pied milliaire 1200 pieds, une cohorte à pied quingénaire 600 pieds, une centurie de gendarmes 240 pieds.

1. Cf. *supra*, § 105.
2. Cf. § 25 et *supra*, § 17 : 1360 + 1360/5 = 1632.

Les unités de chaque type reçues dans la partie postérieure du camp sont en nombre pair, sauf les cohortes à pied : un côté de la rétenture devra donc recevoir une cohorte milliaire et deux quingénaires, l'autre, deux cohortes milliaires et une quingénaire.

120. Dans chaque partie de la rétenture, dans le premier emplacement de 3 demi-bandes, nous avons placé près de la voie quintane une centurie de gendarmes sur 80 pieds de longueur (longueur totale occupée : 80 × 3 = 240 pieds), puis une cohorte à pied quingénaire sur 200 pieds de longueur (longueur totale occupée : 200 × 3 = 600 pieds)[1]. Restent 3 demi-bandes de 200 pieds de long pouvant recevoir 500 hommes.

Dans le second emplacement, de 4 demi-bandes, nous avons placé deux cohortes montées quingénaires, chacune sur 2 demi-bandes de 408 pieds de long (longueur totale occupée : 408 × 2 = 816 pieds) ; il reste 4 demi-bandes de 72 pieds de long.

Dans le troisième emplacement, nous avons, de chaque côté du *quaestorium*, placé d'abord une cohorte montée milliaire sur 4 demi-bandes de 408 pieds de long (longueur totale occupée : 408 × 4 = 1632 pieds), ce qui dégage encore 4 demi-bandes de 72 pieds de long. A côté de cette unité, dans la partie gauche, une cohorte à pied milliaire occupe 3 demi-bandes de 400 pieds de long (longueur totale occupée : 400 × 3 = 1200 pieds) et libère 3 demi-bandes de 80 pieds ; dans la partie droite, une cohorte à pied quingénaire n'occupera que 3 demi-bandes de 200 pieds (longueur totale occupée : 200 × 3 = 600 pieds), dégageant 3 demi-bandes de 280 pieds.

De chaque côté de la rétenture, le dernier emplacement est occupé, sur 400 pieds de longueur, par une cohorte à pied milliaire (longueur totale occupée 400 × 3 = 1200 pieds), qui laisse libre 3 demi-bandes de 80 pieds de long.

Les peuplades sont réparties au mieux dans les espaces restants ; notre plan accorde, normalement, 1080 pieds aux 900 Gétules, 840 pieds aux 700 Daces, 600 pieds aux 500 Palmyréniens, mais seulement 576 pieds aux 500 Brittons, au lieu de 600, et 816 pieds aux Cantabres, au lieu de 840. Cette

1. § 19 : *lateribus eiusdem* (= *quaestorii*) *tendere debent ad uiam quintanam centuriae statorum ... Super quos cohors peditata quingenaria uel equitata.*

différence résulte de l'approximation du nombre de soldats dans une demi-bande de la rétenture.

V. — Date du texte

121. L'auteur de notre texte n'étant pas identique aux deux « Hygin le Gromatique » que nous connaissons par ailleurs[1], il reste donc à tenter de déterminer la date de composition du *De munitionibus castrorum.* Selon les savants, cette date varie du début du IIe siècle, comme le pensent Lange et Domaszewski, au milieu du IVe siècle, pour Lachmann. Cette dernière opinion, fondée essentiellement sur des critères stylistiques, a été assez rapidement abandonnée et, jusqu'aux années 1930, les commentateurs se sont partagés entre le IIe siècle et le IIIe siècle. Il semble actuellement s'être établi un consensus entre les savants pour considérer que le texte a été écrit dans le courant du IIe siècle, la question restant ouverte d'une plus grande précision de la date[2].

A. — Méthode pour la datation.

122. Comme nous l'avons dit plus haut[3], depuis le commentaire de Domaszewski, les savants qui utilisent l'ouvrage d'Hygin prennent souvent parti sur la date du texte en une courte parenthèse, voire dans une note, et se fondent pour cela sur tel ou tel aspect de l'armée décrite par Hygin. On voit d'emblée la fragilité de cette méthode ; il nous semble nécessaire, au contraire, d'envisager le texte dans son ensemble et de considérer les différents arguments qui peuvent être utilisés.

123. En particulier, il nous semble dangereux de voir dans le texte d'Hygin ce que l'on pourrait appeler « un ouvrage de circonstance » : nous entendons par-là que l'ouvrage aurait été dédié à un empereur à l'occasion d'une guerre précise ou d'un projet de guerre précis. Les caractères généraux du texte montrent bien qu'il s'agit d'un

1. Cf. introduction, p. VIII.
2. Le dernier éditeur ne traite de la question que très rapidement, en s'appuyant uniquement sur des arguments d'autorité.
3. Cf. introduction, p. XXV.

ouvrage de théorie de l'arpentage militaire, qui a peut-être même nécessité des recherches. On voit mal d'autre part comment une guerre aurait pu être l'occasion de mettre en pratique une nouvelle méthode d'arpentage, avec les inconvénients que présente le passage d'une pratique à une autre. Enfin, la composition même de l'armée qui doit former le camp type n'est manifestement pas celle d'une armée réelle, mais d'un échantillonnage de toutes les unités existant à un moment donné dans l'armée romaine considérée dans son ensemble.

Ainsi, certains ont voulu voir dans la présence de chameaux, au § 29, la preuve que l'auteur songeait à une expédition en Orient : le texte ne pourrait donc se rapporter qu'à une période où ont eu lieu de nombreux combats en Orient, autrement dit à l'époque de Septime Sévère ou de ses successeurs...[1].

De même, pour E. Birley, la présence dans l'armée du camp type de quatre ailes milliaires prouverait que le texte a été écrit « dans la septième décade du IIe siècle et non pas sous Trajan »[2]. En effet, en étudiant la répartition des ailes milliaires dans les provinces pendant le Haut-Empire, et plus précisément dans la seconde moitié du IIe siècle, il constate que les deux Germanies et les deux Mésies ne possèdent pas d'ailes milliaires, et que l'on ne peut trouver deux ailes cantonnées dans la même province qu'en Syrie et dans les trois Dacies : ce serait seulement sur le front du Danube que l'on put concentrer quatre de ces corps sans trop de complications. Le *De munitionibus castrorum* aurait donc été écrit vers le milieu du règne de Marc-Aurèle, époque où l'empereur, le préfet du prétoire et les *comites Augusti* font régulièrement campagne dans les pays du Danube. Cette argumentation, pour séduisante qu'elle puisse paraître, nous semble relever exactement du même système de raisonnement que la précédente et se heurte aux difficultés que nous avons signalées plus haut : on ne peut admettre qu'Hygin ait pris en même temps en considération un élément aussi particulier que la localisation de ce type d'unités et l'organisation générale de l'armée romaine.

1. A. Jung, *Die Lagerbeschreibung des sog. Hygin und die Provinzialmilizen*, in *Wiener Studien* 11, 1889, p. 153-160 ; J. Marquardt, *Römische Staatsverwaltung*, 2 (2e éd.), Leipzig, 1884, p. 601, n. 1.

2. E. Birley, *Alae*, p. 57 ; Idem, *The Epigraphy of the Roman Army*, in *Actes du congrès d'Épigraphie de Paris, 1952*, Paris, 1953, p. 226-238 (p. 234).

B. — Éléments de datation.

Le commandant de la légion. 124. La disposition même du camp montre qu'Hygin a dans l'esprit l'image d'une armée en campagne commandée par l'empereur en personne. Mais le commandant de la légion est manifestement pour lui un légat, *legatus legionis* (§ 15). Or, on sait que, à partir du règne de Gallien, et par suite d'un édit de ce dernier remontant vraisemblablement aux derniers mois de l'année 261 et supprimant la plupart des privilèges administratifs du Sénat, les officiers issus de ce corps ont été remplacés par des officiers venant de la carrière équestre ; le titre même du commandant de la légion fut modifié pour devenir celui de *praefectus legionis*[1]. De fait, le titre de *legatus legionis* disparaît des inscriptions après le règne de Gallien, le dernier légat légionnaire connu étant *Vitulasius Laetinianus leg(atus) leg(ionis) II Aug(ustae)* (*C. L. I.* VII, 107), daté des années 253-259. Certaines inscriptions postérieures portent cependant la titulature : *praefectus legionis agens uices legati*[2] : J. W. Förster avait voulu voir là la preuve que le titre exact et normal du commandant de la légion reste bien, après Gallien, *legatus legionis*, et que le préfet de légion ne fait que le remplacer lors de ses absences ou de ses empêchements[3]. Mais une inscription de 268 ap. J.-C. (*C. I. L.* III, 3525 = 10492) indique que la légion *II Adiutrix* est bien commandée par un préfet, Aelius Frontinus. L'étude d'une inscription découverte à Czentendre, antique *Ulcisia Castra* non loin d'Aquincum, mentionnant *P. Ael(ius) Aelianus, praef(ectus) leg(ionis) II Adiut(ricis) protector Gallieni Aug(usti) n(ostri), a(gens) u(ices) leg(ati)*, et la comparaison de celle-ci avec une autre inscription du même personnage (*C. I. L.* III, 3529), qui porte seulement les noms et titres *Ae(lius) Aelianus, praef(ectus) leg(ionis) s(upra) s(criptae), prot(ector) Aug(usti)*, ont permis à T. Nagy de montrer que les éléments considérés comme

1. H. Droysen, *Zu Hygins liber De munitionibus castrorum*, in *Rheinisches Museum* 30, 1875, p. 469-470 ; T. Nagy, *Commanders of the Legions in the Age of Gallienus*, in *Acta Archaeologica Academiae Scientiarum Hungaricae* 17, 1965, p. 289-307.

2. *C. I. L.* III, 3424 (267 ap. J.-C.) ; III, 4289 (269 ap. J.-C.) ; III, 3469 (284 ap. J.-C.).

3. J. W. Förster, *Hygini Gromatici liber De munitionibus castrorum*, in *Rheinisches Museum* 34, 1879, p. 237-244.

essentiels dans la titulature des nouveaux commandants de légion de rang équestre sont *praefectus legionis cuiusdam* et *protector Augusti*[1] : l'expression *agens uices legati* est bien plutôt la marque d'un remplacement définitif que celle d'une suppléance temporaire.

L'emploi par Hygin de *legatus legionis* semble donc bien assurer que la date du texte ne peut pas être descendue plus bas que le règne de Gallien.

La cavalerie légionnaire. **125.** Nous trouvons dans Hygin la mention d'une cavalerie, mais il s'agit toujours de cavaliers auxiliaires. Nulle part dans le texte n'apparaissent de cavaliers légionnaires, *equites legionis*. H. Droysen tirait argument de l'absence de cette cavalerie et de la présence à la tête de la légion du légat pour placer le *De munitionibus castrorum* entre le 25 juillet 240, date du dernier témoignage d'un cavalier légionnaire (*C. I. L.*, III 5942), et 267, année d'apparition du premier *praefectus legionis agens uices legati*[2]. La date de 240 devrait du reste être modifiée puisque nous connaissons par le *PMich.* III 164 (R. O. Fink, *Records*, n° 20) un certain Au ?] fidius Victorinus promu décurion le 3 avril 242 *ex eq(uite) leg(ionis) I[I Traianae.*

Marquardt remarquait déjà que les inscriptions d'*equites legionis* permettaient de confirmer l'existence d'une telle organisation depuis Auguste jusqu'à Vespasien, puis sous Hadrien, sous Antonin, et de Commode à Gallien[3]; Domaszewski émet, prudemment, l'hypothèse que la cavalerie légionnaire aurait pu être supprimée par Vespasien et rétablie sous Trajan[4]. Une telle hypothèse est fragile et bien hasardeuse; nous connaissons maintenant des cavaliers légionnaires sous Domitien, Ainsi le papyrus *PGenLat.* 1 verso, part IV (R. O. Fink, *Records*, n° 58), découvert en 1900, qui contient les fragments du rôle mensuel d'une centurie de la *legio III Cyrenaica* aux alentours de l'année 90 ap. J.-C., mentionne au moins trois *equites* (l. I 30 et I 36). Ti. Claudius Maximus, que nous avons déjà rencontré[5], a été enrôlé un peu avant 85, a servi tout de suite comme cavalier dans la *legio VII Claudia* et a occupé divers postes, *quaes-*

1. T. Nagy, *op. cit.*, p. 295-298 = *A. E.*, 1965, 9.
2. H. Droysen, *op. cit.*, p. 469.
3. J. Marquardt, *Römische Staatsverwaltung 2* (2e éd.), Leipzig, 1884, p. 456, n. 1.
4. A. von Domaszewski, éd., p. 70.
5. Cf. *supra*, § 57 et n. 1 p. 64.

tor equitum, *uexillarius equitum*, toujours dans cette unité, avant d'être promu par Trajan *duplicarius* dans une aile. Une seconde hypothèse de Domaszewski, selon laquelle les cavaliers légionnaires n'auraient pas formé une unité propre, mais auraient été répartis dans les centuries de fantassins, trouve un appui dans une étude récente de J. D. Breeze sur l'organisation de la légion[1] : celui-ci veut voir dans certaines inscriptions où le nom d'un cavalier légionnaire est suivi de la mention d'une centurie (*C. I. L.* III, 11239 : *C. Valerius ... Proculus... eq(ues) leg(ionis) XI C(laudiae) f(idelis) (centuria) Vindicis*) la preuve que les cavaliers ne sont pas répartis en turmes, mais inclus dans l'effectif de chaque centurie. On comprendrait alors qu'ils ne soient pas mentionnés dans le *De munitionibus*, bien que ce n'en soit pas la manière habituelle.

Mais surtout, comme le fait justement remarquer Domaszewski, il est difficile de se fonder ainsi sur un argument *ex silentio*, d'autant plus que nous avons perdu le début de l'ouvrage, où précisément l'auteur décrivait l'organisation des cohortes légionnaires. L'absence de la cavalerie légionnaire dans le texte tel qu'il a été transmis ne constitue donc pas, à nos yeux, un argument à lui seul décisif pour la datation.

L'effectif des cohortes prétoriennes. 126. Plus importantes en revanche nous semblent les indications sur l'effectif des cohortes prétoriennes, indications succinctes mais claires. Il est certes difficile d'assimiler exactement la cohorte prétorienne du camp d'Hygin à une *cohors equitata quingenaria*[2] ; mais, même si l'on admet que les cavaliers prétoriens, traités à part dans le texte, doivent être inclus « administrativement » dans la cohorte, on arrivera pour celle-ci à un effectif proche de 600 hommes. Or, un tel chiffre ne saurait être accepté pour le IIIe siècle. M. Durry a démontré, en s'appuyant sur un texte célèbre de Dion Cassius[3]

1. J. D. Breeze, *The Organization of the Legion. The first Cohort and the equites legionis*, in *J. R. S.* 59, 1969, p. 50-55 (p. 53-55). Mais cette étude se fonde sur quatre inscriptions réparties sur plus d'un siècle et demi, et ces conclusions sont du reste fortement combattues par M. Speidel, dans *The Captor of Decebalus*, in *J. R. S.* 60, 1970, p. 144.

2. Cf. *supra*, § 46 et n. 1, p. 56.

3. D. C. 55, 24, 6 : οἵ τε σωματοφύλακες μυρίοι ὄντες καὶ δεκαχῇ τεταγμένοι.

et sur les *laterculi* des prétoriens du IIIe siècle, qu'à cette époque et depuis Septime Sévère, les cohortes prétoriennes comptent 1000 hommes[1]. « J'en conclurais, dit M. Durry, que le *De munitionibus castrorum* est du IIe siècle. » C'est effectivement, croyons-nous, la conclusion qu'il convient de tirer de la comparaison de la cohorte prétorienne d'Hygin, non pas tant peut-être avec la cohorte du IIe siècle qu'avec celle du IIIe : il serait peut-être plus exact de dire que le *De munitionibus castrorum* ne peut pas être du IIIe siècle.

Que l'effectif des cohortes prétoriennes ait subi par la suite certaines diminutions ne peut en aucun cas signifier que le texte d'Hygin soit également postérieur, comme le veut J. W. Förster[2], puisque l'ouvrage n'a pas été composé après le règne de Gallien.

« Metator » et « mensor ». 127. Nous avons déjà attiré l'attention sur la rareté du mot *gromaticus* employé par Hygin pour désigner les arpenteurs militaires[3]; il en utilise également un autre, *metator*, au § 46 : *metatoris imperitiae signum est* et peut-être au § 37 : *nunc si metator*... Ce terme est, lui, beaucoup mieux attesté dans le vocabulaire latin, mais sa présence dans le *De munitionibus* appelle deux remarques. D'une part, un grand nombre de ses emplois sont tardifs, souvent imagés d'ailleurs, et le mot désigne alors une catégorie bien précise d'arpenteurs militaires, qui s'oppose aux *mensores* : « les *metatores* sont ceux qui précèdent l'armée et choisissent l'emplacement du camp..., les *mensores* sont ceux qui dans le camp délimitent, par des mesures en pieds, les emplacements où les soldats plantent leurs tentes ou qui, dans les villes, fournissent les logements », *metatores qui praecedentes locum eligunt castris... Mensores qui in castris ad podismum demetiuntur loca, in quibus tentoria milites figant, uel hospitia in ciuitatibus praestant* (Veg., *Mil.* 2, 8). Le *metator* d'Hygin remplit les deux fonctions distinguées par Végèce ; or, les emplois du terme dans ce sens général d' « arpenteur militaire » se trouvent essentiellement chez des écrivains antérieurs au début du IIe siècle, Cicéron, Lucain, Frontin[4]. D'autre part, nous connaissons par des inscrip-

1. M. Durry, *Cohortes*, p. 86-89 ; pour la date attribuée à Hygin, n. 1, p. 86.

2. J. W. Förster, *op. cit.*, p. 242-244. Nos renseignements sur ces diminutions d'effectif des cohortes prétoriennes sont très fragmentaires ; cf. M. Durry, *Cohortes*, p. 88-89.

3. Cf. introduction, p. VIII.

4. *T. L. L.* 8, c. 878-879.

tions des arpenteurs militaires qui sont appelés, eux, *mensores* (entre autres, *C. I. L.* III, 3433 ; VI, 3606 ; VI, 32536 b ; VIII, 2564, 19), sans que nous puissions les assimiler aux *mensores* tardifs. Autant que l'on puisse en juger étant donné la rareté des inscriptions datées, le terme n'apparaît pas plus tôt que le IIe siècle, et en tout cas, l'inscription datée la plus ancienne est *C. I. L.* III, 8112, de 228 ap. J.-C. F. T. Hinrichs, qui a étudié récemment les institutions des arpenteurs[1], admet que l'habitude républicaine de confier l'implantation et l'organisation du camp à des centurions plus ou moins spécialisés dans cette tâche[2] s'est maintenue tout au long du Ier siècle ap. J.-C., et que le corps de gradés des *mensores* s'est développé dans la première moitié du IIe siècle ; il attire, dans une note[3], l'attention sur le règne d'Antonin au cours duquel, d'après deux témoignages fournis par le *Corpus Agrimensorum*, semble avoir lieu une modification dans la titulature des *mensores*, modification qui laisse penser à un développement de leur autonomie. Quoi qu'il en soit de la date précise de création du corps, Hygin ne semble pas le connaître, et l'emploi par lui de *metator* le lie avec des écrivains antérieurs au IIe siècle, pour qui le mot semble bien être, selon l'expression de R. Syme à propos de Decidius Saxa, *castrorum metator* d'Antoine selon Cicéron[4], « une appellation descriptive et non pas un titre officiel » ; cela nous fait penser qu'Hygin a dû écrire avant le milieu du IIe siècle.

La « clauicula ». 128. Malgré les difficultés rencontrées en tentant de reconstituer la clef telle qu'a voulu la décrire Hygin, nous connaissons un certain nombre de camps dont les portes sont protégées par une construction qui, quelle que soit sa structure (un élément courbe interne, un élément courbe externe, deux éléments courbes interne et externe) et malgré les variations de détail, peut à juste titre porter le nom de *clauicula*. Dans un article de 1937[5], U. Kahrstedt

1. F. T. Hinrichs, *Die Geschichte der gromatischen Institutionen*, Wiesbaden, 1974 (plus particulièrement, p. 158-160).
2. Pol. 6, 41, 1-2 ; Caes., *Gall.* 2, 17, 1. Cf. J. Harmand, *L'armée et le soldat à Rome*, Paris, 1967, p. 128-129.
3. F. T. Hinrichs, *op. cit.*, n. 11, p. 159.
4. Cic., *Phil.* 11, 12 ; R. Syme, *Who was Decidius Saxa?*, in *J. R. S.* 37, 1937, p. 127-137 (p. 134).
5. U. Kahrstedt, *Lager mit Clauiculae*, in *Bonner Jahrbücher* 138, 1937, p. 144-152.

a recensé les *clauiculae* connues à cette date et conclut que ce type de fortification est attesté pour la période comprise entre 72 et 105 ap. J.-C., entre la construction des camps de Masada et la guerre dacique de Trajan. Cette conclusion ne peut cependant être utilisée pour dater le *De munitionibus*. En effet, d'une part, la liste des camps munis de clefs, telle qu'elle est établie par Kahrstedt, n'est pas, à la date de 1937, exempte d'erreurs ; d'autre part, grâce surtout à la photographie aérienne, les découvertes de clefs se sont multipliées depuis la rédaction de l'article, principalement en Grande-Bretagne[1]. Ainsi, Kahrstedt connaît deux camps munis de clefs au Pays de Galles, Y Pigwn I et II, alors qu'en 1969, on en dénombrait 14[2]. Certaines des datations de Kahrstedt doivent être révisées : il voyait, par exemple, dans les deux camps de Glenwehlt Leazes et Chapel Rigg, seuls camps temporaires avec *clauiculae* en arrière du mur d'Hadrien, des constructions antérieures à la construction du mur ; pour le dernier éditeur du *Handbook to the Roman Wall*, ces camps sont « semblables par leur construction et leur destination » à ceux de Haltwhistle Burn : ces derniers sont considérés comme ayant pu soit abriter les soldats qui construisaient le mur (donc sous Hadrien), soit être bâtis lors d'exercices (sous Hadrien ou après Hadrien? peut-être avant la construction du mur d'Antonin, mais peut-être après, l'occupation militaire de la région n'ayant jamais totalement cessé?)[3].

Néanmoins, quelques éléments sûrs peuvent être dégagés, malgré le manque de données chronologiques précises pour chaque camp. Nous trouvons des *clauiculae* à Masada, dans l'hiver 72-73 ap. J.-C.[4], et deux *clauiculae* figurent sur la colonne Trajane pour illustrer la seconde guerre de Dacie[5] ; les camps munis de clefs du Pays de Galles peuvent raisonnablement être datés de la fin du Iᵉʳ siècle, avec la con-

1. Cf. en particulier les articles de J. K. St Joseph, intitulés *Air Reconnaissance in Britain*, parus dans les *J. R. S.*

2. V. E. Nash-Williams, *The Roman Frontier in Wales* (2ᵉ éd. révisée sous la direction de M. G. Jarrett), Cardiff, 1969, p. 124-125, 128-130, 200.

3. J. Collingwood Bruce, *Handbook to the Roman Wall* (12ᵉ éd. par I. Richmond), Newcastle-upon-Tyne, 1966, p. 155 et 143.

4. I. A. Richmond, *The Roman Siege-works of Masàda, Israël*, in *J. R. S.* 52, 1962, p. 142-155.

5. C. Cichorius, *Die Reliefs der Traiansäule*, Tafelband 2, Berlin, 1900, Tafel XCVI, Bild 128, Nr. 346.

quête et la pacification définitive du pays ; un assez grand nombre de camps du nord de l'Angleterre et de l'Écosse, avec des clefs d'un type particulier (« Stracathro-type »), sont attribués avec une quasi certitude par J. K. St Joseph aux campagnes d'Agricola[1]. En tenant compte de l'incertitude chronologique pour des camps tels que Glenwehlt Leazes et du manque de preuves pour nombre d'autres, et sous réserve d'un inventaire que nous ne pouvons établir ici, il semble donc que la *clauicula* ait été employée surtout dans le dernier quart du Iᵉʳ siècle et la première moitié du IIᵉ. Il y a là, croyons-nous, un indice supplémentaire pour voir dans le *De munitionibus* un ouvrage écrit avant le milieu du IIᵉ siècle[2].

L'organisation de la cohorte légionnaire. Problème du manipule. 129. Même si nous avons perdu le début du texte, nous pouvons cependant dessiner avec quelque certitude les traits essentiels de l'organisation d'une cohorte légionnaire : elle comprend 6 centuries, manifestement toutes égales par leur effectif, qui est de 80 hommes ; seule la cohorte première a une organisation différente, peut-être, et un effectif double, assurément. On s'accorde à penser que l'existence de 6 centuries par cohorte remonte au milieu du IIᵉ siècle avant notre ère et qu'elle s'est maintenue sous l'Empire. Mais nous pensons qu'une modification apparaît au schéma traditionnel dans l'armée d'Hygin : c'est que la légion ne comporte plus de manipule. En effet, comme nous l'avons montré plus haut[3], les différents emplacements indiqués par Hygin pour l'ensemble de la cohorte excluent toutes les corrections proposées au § 1 faisant du campement face à face de deux centuries une organisation permanente. Cela exclut également, croyons-nous, l'interprétation de Domaszewski, pour qui l'organisation manipulaire était encore en vigueur dans l'armée décrite par Hygin. Que le mot *hemistrigium* ne soit qu'un dérivé de *striga*, c'est un fait ; mais

1. J. K. St Joseph, *Air Reconnaissance in Britain*, in *J. R. S.* 59, 1969, p. 113-114 ; 63, 1973, p. 228-229.

2. L'étude que nous avons menée des camps munis de *clavicula* (cf. notre article cité, n. 3, p. 91) montre que cette fortification, apparue peut-être sous Claude, a été utilisée par l'armée romaine surtout entre 60 et 110 après J.-C., pour disparaître progressivement, en une trentaine d'années, du registre des protections usuelles du camp romain.

3. Cf. *supra*, § 25.

que cette *striga* de 60 pieds soit l'emplacement d'un manipule et que par conséquent, le manipule prime sur la centurie, ne nous paraît pas une conclusion acceptable[1]. Le mot *striga* désigne, en effet, également d'autres emplacements : ainsi la *striga cohortis primae* (§§ 4, 24) reçoit, outre la cohorte première, les vexillaires, l'infirmerie, l'atelier... L'emplacement de base pour tout le camp est bien l'*hemistrigium*. Il est possible que le couple *striga/hemistrigium* soit un souvenir, dans le vocabulaire, du fait que l'emplacement de base *était* celui du manipule légionnaire, mais dans le camp d'Hygin, celui-ci ne joue plus aucun rôle : nous pensons donc que dans l'armée même, l'organisation manipulaire avait pratiquement disparu.

L'organisation de la cohorte se différencie d'autre part nettement de celle que décrit Végèce en la qualifiant de *antiqua ordinatio* : pour celui-ci, la cohorte première de la légion compte 1105 fantassins, les neuf autres cohortes 550 ; ces cohortes sont dirigées par 5 centurions, donc formées de 5 centuries[2]. Le chiffre de 550 hommes semble confirmé sous Septime Sévère par un passage de Dion Cassius[3] ; il reste à déterminer à quelle date remonte cette *antiqua ordinatio* de Végèce, manifestement postérieure à l'organisation décrite par Hygin. D. Schenk, en étudiant les sources de Végèce, et en se basant sur des témoignages fournis par Dion Cassius et la *Vita Hadriani* — en particulier sur l'usage des mots *contubernium*, *commanipulatio* — et sur l'indication de Végèce lui-même qui mentionne parmi ses sources les « constitutions d'Auguste, de Trajan et d'Hadrien » (*Mil.* 1, 8), croit pouvoir démontrer qu'elle remonte à Hadrien[4].

Sans prendre parti ici sur la datation, toujours controversée[5], de l'*antiqua ordinatio* de Végèce (cela d'autant plus que Schenk utilise pour cette datation précise la date avancée par Domaszewski pour le *De munitionibus castrorum*, sous Trajan, et l'argument de ce dernier sur l'organi-

1. A. von Domaszewski, éd., p. 45 ; cf. A. Grillone, éd., p. XII, n. 4.

2. Veg., *Mil.* 2, 6 ; 2, 7 : *Secunda cohors habebat centuriones quinque, similiter tertia, quarta usque ad decimam cohortem.*

3. D. C. 75, 12, 5 : lors du siège d'Atra, un officier de Sévère se flatte de prendre la ville : ἐάν γε αὐτῷ δώσῃ πεντακοσίους καὶ πεντήκοντα μόνους τῶν Εὐρωπαίων στρατίωτων.

4. D. Schenk, *Flauius Vegetius Renatus. Die Quellen der Epitoma rei militaris*, in *Klio*, *Beiheft 22*, 1930, p. 1-88 (p. 12-23).

5. E. Birley, *The Epigraphy of the Roman Army*, in *Actes du Congrès d'Épigraphie de Paris, 1952*, Paris, 1953, p. 234, critique la date adoptée par Schenk.

sation manipulaire de la légion décrite par Hygin), nous pouvons retenir de l'argumentation que pour Schenk, la principale caractéristique de la réforme d'Hadrien est précisément la disparition du manipule en tant qu'unité tactique de base de l'armée romaine ; il insiste également sur le fait que cette réforme n'est pas une refonte totale de l'armée, qu'on ne saurait la considérer comme une « réorganisation drastique » : elle fait passer dans les règlements certaines réalités, conséquences d'une évolution antérieure, telle la disparition du manipule qui « devait avoir pratiquement perdu toute signification dès avant Hadrien »[1]. Il nous semble significatif qu'une évolution ainsi dessinée corresponde à ce que nous avons pu découvrir dans le texte d'Hygin. En effet, la réorganisation de l'armée telle qu'elle est impliquée par l'*antiqua ordinatio* de Végèce ne consiste pas en une simple suppression du manipule ; admettre, avec Schenk, que ce dernier a pratiquement disparu en tant qu'unité tactique dans le début du IIe siècle ne signifie pas pour autant que l'on admette la datation proposée par lui pour l'ensemble de la réforme. L'inverse est vrai également : on ne saurait tirer argument de la date d'entrée en vigueur de l'organisation telle que la décrit précisément Végèce pour juger de l'évolution antérieure de l'armée ou des époques marquantes de cette évolution.

On est donc conduit à penser que la disparition du manipule comme unité tactique de base de la légion romaine a eu lieu au début du IIe siècle, et que le *De munitionibus*, qui en porte témoignage, doit en être, à peu de choses près, contemporain.

Les « Veredarii ». 130. Le mot, rare, est cependant bien attesté dans l'histoire de la latinité et de l'armée romaine ; nous le trouvons pour la première fois dans une inscription du premier semestre 138, dans la mention du *numerus burgariorum et ueredariorum*[2]. Le mot *ueredus* apparaît, lui, pour la première fois chez Martial, dans le dernier livre des *Épigrammes*. On connaît la curiosité de Martial pour la zoologie, qui se marque assez nettement dans le livre sur les spectacles, ou dans telle épigramme sur une abeille « momifiée » dans l'ambre (4, 32), et surtout son réalisme et son goût pour la précision ; avec cette épigramme du livre 12, que l'on date de l'hiver 101 ou du printemps 102, nous ne

1. D. Schenk, *op. cit.*, p. 23.
2. *C. I. L.* III, 13795. Cf. *supra*, § 55.

devons pas être très loin du premier emploi du terme en latin. D'autre part, nous avons marqué plus haut la différence qui existe entre les *ueredarii* des inscriptions et les chasseurs pannoniens du texte : ceux-là ne sont pas à proprement parler des soldats, puisque leur incombe une mission de travaux publics et de surveillance des routes, à condition même que l'on accepte le rapprochement que nous avons esquissé entre *ueredarii* et *burgarii* des inscriptions ; pour M. Labrousse, ils ne sont même « en aucune façon des soldats »[1], et ils apparaissent effectivement plus tard comme de simples courriers. Il semble donc qu'Hygin emploie ici, pour désigner un corps de troupes précis — même si nous ne pouvons, nous, déterminer avec exactitude quel est ce corps — un terme qui existe certes, mais dont la signification technique à l'intérieur de l'armée et l'application à un type d'unité précis, les courriers ou les miliciens des inscriptions, ne sont pas encore fixées dans l'usage. Le mot est étrange, d'origine celtique, et on conçoit fort bien une période d'hésitation dans son emploi. Dans ces conditions, l'emploi qu'en fait Hygin se rapporte, avec beaucoup de vraisemblance, à une période comprise entre le début du IIe siècle, date de l'apparition du terme *ueredus* chez Martial, et 138, date de la première inscription connue des *ueredarii* miliciens.

Les chameaux et leurs conducteurs. 131. Nous avons déjà signalé[2] le caractère singulier du mot *epibata* pour désigner les conducteurs de chameaux, puisqu'il désigne ordinairement les soldats embarqués sur les vaisseaux. Or l'auteur ne répugne pas, loin de là, à employer des termes consacrés dans l'usage des arpenteurs militaires ou dans celui de l'armée[3]. Manifestement, il utilise ici un terme inadéquat, comme pis-aller, parce qu'il n'a pas à sa disposition un terme technique approprié. Or, ce terme technique existe : il s'agit de *dromedarius* ou *dromadarius*. On pourrait penser, d'après notre propre usage qui distingue l'animal à une bosse, le dromadaire, de l'animal à deux bosses, le chameau, que la différence entre *dromedarius* et *camelarius*[4] est du même

1. M. Labrousse, *Les burgarii et le cursus publicus*, in *M. E. F. R.* 56, 1939, p. 151-167 (p. 162).
2. Cf. *supra*, § 68.
3. Cf. introduction, p. XIV-XV.
4. *Camelarius* est attesté dans la latinité tardive. Cf. *supra*, § 68 et n. 2, p. 73.

ordre. Il n'en est rien, puisque les Anciens désignaient par le même mot l'animal à une bosse et l'animal à deux bosses, et la différence entre *camelus* et *camelus dromas* vient de la taille plus petite et de la vélocité plus grande de ce dernier[1]. Le *dromedarius* est donc bien le conducteur d'un *camelus* ; or le terme a été fixé dans son sens technique sous Trajan, puisque nous connaissons une *ala I Vlpia dromadariorum miliaria* (*C. I. L.* III, p. 2328, 71 ; 157 ap. J.-C.). Qu'Hygin ne connaisse pas le terme montre, à nos yeux, qu'il doit écrire avant l'introduction de cette dénomination technique, ou qu'il en est à peu de choses près contemporain, sans être au fait de l'immédiate actualité.

132. La concordance de tous ces arguments nous incite donc à placer Hygin au début du IIe siècle, sous le règne de Trajan, dont il reflète certaines innovations. Cette datation peut, du reste, être confirmée par d'autres faits.

« Vexillarii » et « uexillatio ». 133. Ce corps de soldats légionnaires n'est pas, nous l'avons dit, parfaitement identifiable. Domaszewski et, à sa suite, R. Saxer voient en eux des soldats détachés des légions et utilisés pour le « train régimentaire » de l'armée ; nous y verrions plus volontiers des légionnaires venus d'unités casernées loin du théâtre des opérations, un « détachement légionnaire » que nous connaissons bien sous le nom de *uexillatio*. Or, une étude systématique sur l'emploi de *uexillarii* et *uexillatio* dans les inscriptions citées par R. Saxer[2] montre que le second terme a presque totalement supplanté le premier dans les textes épigraphiques à partir du règne d'Hadrien. Du règne d'Auguste à l'année des quatre empereurs, on trouve 6 men-

1. Isid., *Orig.* 12, 1, 35 : *camelis causa nomen dedit, siue quod quando onerantur, ut breuiores et humiles fiant, accubant quia Graece* χαμαί *humile et breue dicitur, siue quia curuus dorso est ... Differunt autem sibi : nam Arabici bina tubera in dorso habent, reliquarum regionum singula* ; *Orig.* 12, 1, 36 : *dromeda genus camelorum est minoris quidem staturae uel uelocioris. Dromas* est surtout employé comme adjectif : cf. *T. L. L.* 5, 1, c. 2068-2069.

2. R. Saxer, *Untersuchungen zu den Vexillationen des römischen Kaiserheeres von Augustus bis Diokletian. Epigraphische Studien I*, Köln, 1967. La liste des témoignages présentés par R. Saxer comporte 360 numéros, et notre étude porte sur 177 termes. Nous avons exclu tous les témoignages littéraires et, bien sûr, tous les textes épigraphiques non datés. Un certain nombre d'inscriptions emploient d'autres formules (*sub uexillo, commilitones*).

tions de *uexillarii* et 5 de *uexillatio* ; encore faut-il préciser que les 6 premières sont des mots complets, alors que R. Saxer restitue en *uexillatio* (à la suite des premiers éditeurs) deux *uexil* (nos 33, 264), un *V.* (no 2) et qu'un quatrième emploi est, lui, totalement restitué. Sous les Flaviens, 7 emplois de *uexillarii* (dont 6 mots complets) s'opposent à 8 emplois de *uexillatio* (dont 5 mots restitués). Le règne de Trajan, que nous n'avons pas voulu inclure dans la série précédente malgré les similitudes, donne 2 mentions de *uexillarii* et 3 de *uexillatio.* Mais d'Hadrien à Caracalla, nous ne trouvons plus que 10 emplois de *uexillarii* pour 108 de *uexillatio* ; il faut là encore préciser que l'on ne trouve aucune mention de *uexillarii* sous Hadrien, pour 11 emplois de *uexillatio*, ni sous Marc-Aurèle, pour 26 emplois de *uexillatio.* D'Élagabal à Claude II, 4 emplois de *uexillarii* s'opposent à 24 de *uexillatio.* Tout se passe donc comme si le second terme était devenu, par ordre, l'appellation officielle de ce genre de détachements. Si l'on ajoute que Tacite n'emploie jamais le mot *uexillatio*[1] et qu'on le trouve une fois chez Suétone, on conviendra que l'emploi du terme *uexillarii* dans le *De munitionibus* confirme fortement pour celui-ci une datation au début du IIe siècle, avant le règne d'Hadrien.

« Classici ». **134.** Nous trouverons une confirmation du même ordre dans l'emploi comme substantif de *classici* pour désigner les soldats de marine. Au témoignage du *T. L. L.*, en effet, un tel emploi semble avoir été surtout courant dans le début du IIe siècle. Outre Hygin, le *T. L. L.* cite un emploi chez Quinte Curce, un chez Florus, mais huit chez Tacite. Dans les inscriptions, *classicus* employé comme substantif se trouve dans quatre des *constitutiones* publiées dans le *C. I. L.* III ; l'une est datée de 86 ap. J.-C., les trois autres respectivement de 105, 107 et 138[2]. Une telle convergence chronologique dans l'emploi, somme toute assez rare, du nom, est un argument supplémentaire en faveur de la datation du texte au début du IIe siècle.

Les épithètes du Prince. **135.** Considérer le *De munitionibus castrorum* comme une œuvre écrite sous le règne de

1. Tacite emploie 8 fois *uexillarii*, 10 fois une expression formée avec *uexillum*, 6 fois les adjectifs *electi* ou *delecti* et 4 autres formules.

2. *C. I. L.* III, *constitutiones* 18, 33, 36, 108. Cf. *T. L. L.* 3, c. 1280, l. 61-73.

Trajan permet, à notre avis, de rendre compte au mieux des épithètes accordées au prince par l'auteur. La juxtaposition des deux termes *domine* et *frater* (§ 45) pourrait paraître insolite, voire irrévérencieuse. Elle étonnera moins si l'on considère, comme nous le croyons légitime, qu'Hygin est un technicien qui appartient à l'armée, avec les habitudes de langage que cela implique. Les termes *domine* et *frater* sont d'un emploi courant dans la correspondance entre officiers : les papyri de Dura — pour le début du IIIe siècle, il est vrai — en offrent de nombreux exemples[1] ; l'expression *domine frater* revient à quatre reprises au moins dans les lettres ou copies de lettres adressées à Postumius Aurelianus, tribun de la *Cohors XX Palmyrenorum* (*PDur.* 66 = R. O. Fink, *Records*, n° 89), entre juillet et décembre 216, et R. O. Fink considère que la formule terminale *opto te, domine frater, felicissimum bene ualere* était d'un usage régulier dans les lettres en latin[2]. Dès 103 ap. J.-C., nous voyons C. Minucius Italus, préfet d'Égypte, terminer une lettre à Celsianus, préfet de la *Cohors III Ituraerorum*, par ces mots : *uale frater karissime* (*POxy.* VII 1022 = R. O. Fink, *Records*, n° 87) ; de même, le mot *frater* est employé à maintes reprises par Pétrone, Calpurnius Siculus, Martial, Juvénal, Fronton, pour marquer le respect vis-à-vis d'une personne en meilleure situation que soi, mais un respect que l'on cherche à tempérer d'une certaine familiarité pour lui ôter tout caractère obséquieux. On sait d'autre part que « les appellations « maître » et « maîtresse » deviennent normales dès le début de la dynastie des Antonins pour s'adresser à l'empereur ou à un de ses proches »[3]. Sous la « plume » du militaire qu'était Hygin, l'expression *domine frater* appliquée à Trajan ne nous paraîtrait donc ni déplacée ni anachronique.

136. Mais surtout, nous retrouvons chez Pline le Jeune, dans ses lettres à Trajan et dans le *Panégyrique*, l'expression *magnitudo tua*, employée par Hygin au § 47[4]. Un passage du *Panégyrique* nous semble à cet égard particulièrement significatif : Pline félicite Trajan d'avoir « extirpé

1. Cf. R. O. Fink, *Records*, *indices* 8 et 9, s. u. : ἄδελφος, *dominus*, *frater*.

2. R. O. Fink, *Records*, p. 349.

3. A. Aymard et J. Auboyer, *Rome et son Empire*, Paris, 1967, p. 323.

4. Plin., *Epist.* 10, 31, 1 ; 10, 61, 5 ; *Paneg.* 42, 1 ; 61.

la crainte de cette loi (la *lex de maiestate*) en (se) satisfaisant de la grandeur dont ont manqué plus que personne ceux qui revendiquaient pour eux la majesté », *huius tu metum penitus sustulisti contentus magnitudine qua nulli magis caruerunt quam qui sibi maiestatem uindicabant* (*Paneg.* 42, 1). Un tel éloge, même s'il faut tenir compte de la part inévitable de flatterie, ne peut que signifier la joie éprouvée par Pline et ses contemporains, après la mort du tyran détesté qu'était Domitien, à constater les changements d'attitude du prince, joie qui se manifeste même dans le vocabulaire : la *lex de maiestate* a été remplacée par la *magnitudo* de l'empereur. Le témoignage est trop ténu pour qu'il nous permette d'affirmer qu'une véritable coutume — dont le texte d'Hygin nous fournirait un autre exemple — s'établit sous Trajan de parler de sa grandeur plutôt que de sa majesté, en signe de reconnaissance ; mais l'antithèse est trop nette et correspond trop au soulagement des Romains après 96 pour que cela ne soit pas au moins possible.

Trajan et les ailes milliaires. 137. Nous avons mentionné plus haut l'argument utilisé par E. Birley pour donner au *De munitionibus castrorum* une date plus basse dans le IIe siècle. Mais, en fait, la présence de quatre ailes milliaires dans le camp décrit par Hygin n'est pas incompatible avec une datation sous le règne de Trajan. En effet, sur les dix ailes milliaires dénombrées par E. Birley pour le Haut-Empire[1], quatre ont été créées par Nerva ou par Trajan : l'*ala Gallorum Petriana miliaria ciuium Romanorum*, créée sous les Flaviens, mais promue à l'effectif milliaire par Trajan ; l'*ala I Neruiana Augusta fidelis miliaria* créée sous Nerva ; l'*ala I Vlpia contariorum miliaria* et l'*ala I Vlpia dromadariorum miliaria*, créées toutes deux par Trajan. Deux autres ailes milliaires ont été créées par les Flaviens. On rejoint là une indication donnée déjà par G. L. Cheesman, que la forme milliaire avait été préférée par Trajan, qui donnait ainsi une certaine extension à un type d'unité de création assez récente[2]. Hygin, en incluant quatre ailes milliaires dans son échantillon de l'armée, ne ferait que refléter le goût du prince pour ce genre de corps. L'aile

1. E. Birley, *Alae*, p. 56.

2. G. L. Cheesman, *The Auxilia of the Roman Imperial Army*, Oxford, 1914, p. 26. Cette importance accordée par Trajan à un corps particulier n'est pas sans faire penser à la *constitutio Traiani* dont parle Végèce.

milliaire est, pour ainsi dire, une innovation de l'époque, à laquelle notre auteur donne la place qu'elle lui semble mériter. Nous ne voyons du reste là aucune confirmation particulière à notre argumentation et nous voulons simplement souligner la parfaite compatibilité de l'argument avec notre datation.

La question des « nationes » et des « numeri ». 138. Les unités que l'on nomme communément *numeri* sont bien connues des historiens de l'armée romaine. On s'accorde pour considérer que le terme *numerus* désigne un corps de troupes particulier, qui n'est ni une légion, ni une aile de cavalerie, ni une cohorte, montée ou à pied, et qui représente « la partie la plus barbare de l'armée romaine »[1]. La force et l'organisation interne de ces corps sont mal connues, mais on s'accorde également pour penser qu'ils sont recrutés dans des peuplades barbares ou à demi-barbares, habitant à l'intérieur de l'Empire ou sur ses marges, et qu'ils conservent leurs habitudes et leurs techniques de combat traditionnelles. Les peuplades, *nationes*, du *De munitionibus*, qui sont présentées comme peu romanisées et illettrées, dont l'auteur recommande de se méfier, présentent donc bien des caractères de ces *numeri*, et il est possible de les en rapprocher, voire de les assimiler à ces unités.

139. Le premier à avoir opéré ce rapprochement de façon systématique et à l'avoir utilisé pour dater le texte d'Hygin est Mommsen[2]. Il insiste sur la concordance entre les *nationes* et les différents *numeri* connus par l'épigraphie. Ainsi, il énumère les *numeri* connus de Brittons, en Germanie Supérieure et en Dacie, de Palmyréniens, en Dacie et en Numidie, de *Gaesati*, les unités de cavaliers illyriens ainsi que celles de cavaliers maures. Pour lui, il y a donc coïncidence presque parfaite entre le témoignage d'Hygin et celui de l'épigraphie. Or, le terme *numerus* apparaît, pour lui,

1. H.-G. Pflaum, *Forces et faiblesses de l'armée romaine du Haut-Empire*, in *Problèmes de la guerre à Rome*, Paris-La Haye, 1969, p. 87. F. Vittinghoff, *Zur angeblichen Barbarisierung des römischen Heeres durch die Verbände der Numeri*, in *Historia* 1, 1950, p. 389-407, pense au contraire que les soldats de ces unités étaient assez fortement romanisés et ne se distinguaient pas des soldats des ailes et des cohortes. Cette vue, appuyée sur des études trop partielles, a été vivement combattue par J. C. Mann, *A note on the Numeri*, in *Hermes* 82, 1954, p. 501-506, et elle ne peut être retenue.

2. Th. Mommsen, *Conscriptionordnung*, p. 219-231.

dans une inscription espagnole datée du règne de Marc-Aurèle et Verus (*C. I. L.* II, 1180) ; de plus, les documents épigraphiques sont beaucoup plus nombreux dans la première moitié du IIIe siècle que dans le courant du IIe siècle : Mommsen pense donc que le *numerus* est une formation en gestation au cours du IIe siècle, qui se développe à partir de Marc-Aurèle et surtout au siècle suivant. Le *De munitionibus*, en raison même de la coïncidence signalée plus haut, serait donc du IIIe siècle.

Domaszewski, dans le commentaire de son édition[1], insiste, au contraire, sur l'absence dans les témoignages épigraphiques, de noms d'ethnie tels que *Cantabri*, *Daci*, *Pannonii*, *Getuli*, que l'on trouve ou dont la présence est acceptable dans le texte d'Hygin ; celui-ci, en revanche, ne connaît ni les *Suri* ni les *Norici* : « on a dès lors l'impression, écrit Domaszewski, que les *nationes* constituent, dans le développement de l'armée, une étape antérieure à celle des *numeri* » et leur présence dans le camp est un appui à la datation qu'il propose, dans la première moitié du IIe siècle. Il trouve une confirmation à cette thèse dans une inscription de Dacie, datée de 132 ap. J.-C. (*C. I. L.* III, 12601 = 13793)[2] ; celle-ci mentionne un corps de *Suri sagittarii* : comme Hygin, le rédacteur de cette inscription ne connaît pas le terme *numerus* pour désigner le corps de troupes en cause, mais utilise le nom de l'ethnie. Les corps à demi-barbares existent donc dans l'armée romaine avant cet emploi particulier du mot *numerus*, et le technicien qui décrit le camp ne l'emploie pas non plus, car, à son époque, ce n'est pas un terme technique.

Les arguments avancés par Domaszewski paraissent beaucoup plus fondés que ceux de Mommsen, et il serait possible de les utiliser pour confirmer la date que — avec Domaszewski, mais pour des raisons diverses — nous considérons comme juste.

140. La question des *numeri* a été reprise récemment, dans son ensemble, par H. Callies, qui aboutit à des conclusions différentes sur bien des points ; nous devons les examiner de plus près[3]. Tout d'abord, l'auteur insiste sur la différence entre les prétendus *numeri* et ce qu'il nomme les

1. A. von Domaszewski, éd., p. 71-72.
2. A. von Domaszewski, *Zur Geschichte der römischen Provinzialverwaltung IV*, in *Rheinisches Museum* 48, 1893, p. 240-246.
3. H. Callies, *Numeri*.

« Hilfskontingente », les contingents de renfort. Ces troupes, issues de tribus ou de royaumes sous contrôle romain, venaient accroître la force de l'armée pour une mission et pour un temps bien déterminés ; ces tribus ou ces royaumes étaient liés à Rome par un traité, *foedus*, dont l'une des clauses prévoyait la fourniture de tels contingents. Une catégorie particulière de ceux-ci était constituée par des troupes issues de nations vaincues par Rome, qui imposait à ces dernières, en leur accordant la paix, de fournir un certain nombre de soldats ; ceux-ci étaient incorporés en groupe dans l'armée romaine, et ne se distinguaient des précédents que par la durée, parfois indéfinie, de leur service. D'autres contingents de renfort étaient constitués par des milices locales, qui pouvaient être éventuellement réquisitionnées pour servir d'appui aux troupes régulières. C'est dans cette catégorie que H. Callies range les *symmachiarii Astures* de *A. E.* 1935, 12[1]. Il insiste sur le fait que de telles troupes, même si elles sont surtout connues dans le Ier siècle, sont venues renforcer l'armée romaine pendant tout le principat. Par opposition, les *numeri* sont donc des troupes recrutées directement par Rome et dont la mission dans l'armée est permanente. Bien que *numeri* et contingents de renfort soient également désignés par le nom de leur ethnie, il importe de ne pas les confondre.

Étudiant ensuite l'emploi du mot *numerus* dans les inscriptions qui ne concernent pas les « prétendus *numeri* nationaux », H. Callies remarque que le mot entre dans la titulature de formations fort diverses, qui n'ont pas de dénomination collective précise, et conclut qu'il est employé pour exprimer, « en un abrégé vague », la réalité d'une unité militaire, mais que l'élément caractéristique de ces troupes est fourni par le génitif accolé à ce mot : *exploratorum*, *frumentariorum*, *equitum singularium*, *ueredariorum*, etc... De même, pour les « prétendus *numeri* nationaux », leur dénomination essentielle réside dans un nom d'ethnie et non pas dans ce mot de *numerus*. En particulier, au début de leur existence dans l'armée romaine, c'est-à-dire au milieu et dans le début de la seconde moitié du IIe siècle, le nom du peuple suffisait à les caractériser, et l'on possède des marques sur tuiles où il apparaît seul, comme dans *C. I. L.* XIII, 12502, 1 et 2 : *Catth(a)r(ensium)* et *Catthar(ensium)*. Ce n'est que peu à peu qu'apparaît dans leur titulature le concept, et le mot, de *numerus*, qui ne saurait être là aussi

1. Cf. *supra*, § 77.

qu'une « forme conceptuelle vague »[1], et cela d'autant plus que le mot ne figure pas toujours dans les titulatures postérieures. Cette prédominance du nom ethnique empêche du reste de ranger, comme le faisait Mommsen, au nombre des *numeri* nationaux des corps dont la titulature porte au premier rang la mention du type de soldats : *equites*, *pedites*, etc...[2].

Pour l'auteur, les *numeri* — que l'on ne nomme ainsi que par un abus de langage, puisque ce mot n'a pas véritablement un sens technique — sont issus des différents types de contingents de renfort qu'il a étudiés auparavant; la transformation de ceux-ci en unités fixes et durables s'est produite très lentement, en tout cas ne s'est pas effectuée sous le règne du seul Hadrien, comme le pensait par exemple H. T. Rowell[3]. Pour Callies, les *numeri* nationaux n'apparaissent qu'au milieu du IIe siècle.

141. On voit ce que ces conclusions, si elles sont acceptées, pourraient apporter contre une datation haute du texte d'Hygin. Si le mot *numerus* n'est pas un terme technique et puisque parfois on ne le retrouve pas dans des inscriptions manifestement postérieures au milieu du IIe siècle, on comprendrait pourquoi Hygin n'emploie pas ce mot pour désigner ces troupes barbares, qui n'auraient pas de véritable appellation spécifique. H. Callies adopte du reste la datation de notre texte proposée par E. Birley, vers 170-175 ap. J.-C.[4].

142. On peut néanmoins remarquer tout d'abord que l'identification des *nationes* aux *numeri*, si elle est probable, repose surtout sur l'impression que les *nationes* ne sont pas des unités de renfort temporaires, mais bien une partie intégrante, quoique barbare, de l'armée romaine. Or Hygin sembler assimiler *nationes* et *symmacharii*[5]; il faut voir dans ceux-ci, croyons-nous, non pas tant des milices locales comme

1. H. Callies, *Numeri*, p. 183 : « eine vage begriffliche Fassung ».
2. Cf. J. C. Mann, *op. cit.*, p. 502.
3. H. T. Rowell, art. *Numerus*, in *R. E.* XXIV, c. 1327-1341.
4. H. Callies, *Numeri*, p. 177. Il admet (p. 204, n. 429 a) que ses conclusions devraient amener à une « nouvelle interprétation de l'ordonnance du camp du Pseudo-Hygin ». Mais dans quel sens? Il considère néanmoins que, dans une certaine mesure, elles sont en accord avec les éléments fournis par notre texte.
5. Cf. *supra*, § 77.

le veut H. Callies, que des contingents fournis par des tribus ou des princes vassaux qui reçoivent, *honoris causa*, le titre d'alliés : c'est du moins ce qu'indique leur nom... Rien n'empêche dès lors de considérer que le terme *nationes* désigne l'une ou l'autre, ou l'une et l'autre, catégorie de contingents de renfort étudiés par H. Callies.

Mais, même si l'on admet que les *nationes* comme les *numeri* sont des unités fixes de l'armée romaine, cela ne constitue pas, croyons-nous, un obstacle à la datation du *De munitionibus castrorum* à l'époque de Trajan. En effet, nous devons accueillir avec les plus grandes réserves l'idée que le mot *numerus* n'est pas un « terme technique » de la langue militaire, ainsi que l'utilisation faite par H. Callies de cette constatation. En nous en tenant aux inscriptions citées par H. Callies, nous voyons apparaître le mot appliqué à ces « corps de troupes barbares » dès 145 ap. J.-C., soit en même temps que le corps lui-même, en admettant la date proposée par l'auteur : ainsi dans une inscription de Germanie (*C. I. L.* XIII, 6517), nous trouvons la mention : *N. B*]*ritto*[*n*]*um tri*[*pu*] *t*(*ensium*) : le mot *numerus* est certes restitué, mais sa présence est assurée par celle du génitif *Brittonum*. Nous retrouvons également le mot dans l'inscription déjà utilisée par Mommsen[1], datée du règne de Marc-Aurèle et Vérus ; nous n'avons aucune raison de penser que le titre, *praepositus numeri Syr*(*orum*) *sagittarior*(*um*), de Sex. Iulius Possessor, ait été refait après coup et qu'il ne soit pas le titre exact porté par le personnage au moment où il exerçait ses fonctions[2] : or Possessor a commandé les archers syriens alors qu'il était préfet de la troisième cohorte des Gaulois, au début de sa carrière militaire, c'est-à-dire sous Antonin le Pieux[3] : dès cette date donc le terme *numerus* entre dans la terminologie officielle. Mais surtout, H. Callies passe sous silence des témoignages qui semblent essentiels. Il cite ainsi deux tuiles marquées d'une unité des *Cattharenses*, datées du règne d'Hadrien, dont la marque porte simplement le nom du peuple : *Cattharensium*[4] ; mais deux autres marques, découvertes en plusieurs exemplaires, au même endroit que

1. *C. I. L.* II, 1180. Cf. *supra*, § 139.

2. Et cela d'autant plus si l'on admet, avec H. Callies, que le mot *numerus* soit entré lentement en usage.

3. H.-G. Pflaum, *Les carrières procuratoriennes équestres*, Paris, 1961, n° 185.

4. *C. I. L.* XIII, 12502, 1 et 2 ; cf. *supra*, § 140.

les précédentes, portent, elles, *N(umeri) Cat(tharensium)* et *N(umeri) Catth(a)r(ensium)* (*C. I. L.* XIII, 12502, 3 et 4) !... Or, comme il le reconnaît lui-même, c'est sur de telles marques que l'on peut s'attendre à trouver « l'appellation administrative » d'une unité : c'est donc dès le début du deuxième quart, et non pas seulement à partir de la fin[1] du IIe siècle que les marques sur briques portent cette appellation, *numerus*. De la concomitance des deux types de marques et des observations présentées plus haut, on déduira certes, avec H. Callies, que la dénomination de l'unité est encore variable, mais aussi que, très tôt, le mot *numerus a* pris un sens précis, est devenu une « appellation administrative », un terme technique.

Si, dans ces conditions, l'emploi du mot *numerus* est courant, même s'il n'est pas systématique, à partir d'Hadrien dans la langue administrative de l'armée, l'argumentation de Domaszewski reprend toute sa valeur : Hygin, qui, nous l'avons montré, utilise volontiers des termes propres à la langue militaire ou à celle des arpenteurs, n'emploie pas le mot *numerus* pour désigner les corps barbares de l'armée romaine parce qu'il ne le connaît pas. C'est donc sans doute qu'il écrit antérieurement à Hadrien.

143. L'étude de H. Callies pourrait-elle, en revanche, apporter *in fine* quelques éclaircissements sur les troupes demeurées les plus énigmatiques du camp, à savoir les *Mauri equites* et les *Pannonii ueredarii*? Elle fournit certes un indice supplémentaire qui incite à voir dans ces corps des unités proches des *nationes*, puisque dans les expressions d'Hygin comme dans les titulatures des *numeri*, l'indication de l'ethnie précède la mention du type de soldats qui constituent les corps. Cela n'est qu'un indice de plus, et ne constitue en rien une preuve, car on ne s'explique pas mieux les différences de considération et d'emplacement entre ces troupes et les *nationes*. Si ces *Mauri equites* sont un *numerus* avant la lettre, il faudra d'ailleurs renoncer à tout rapprochement avec les cavaliers maures de M. Valerius Maximianus[2], nommés, eux, *equites Afri et Mauri electi*, et qui constituent donc un détachement de cavaliers auxiliaires, une *uexillatio*.

144. Nous rejoignons donc, au terme de cette étude, la

1. H. Callies, *Numeri*, p. 184, n. 312.
2. Cf. *supra*, § 54.

date proposée pour le *De munitionibus castrorum* par ses précédents éditeurs, Lange et Domaszewski. Une datation basse, du IIIe siècle, telle qu'elle était généralement adoptée à la fin du siècle dernier et au début de celui-ci, est à nos yeux exclue par la présence du *legatus legionis* et surtout par l'effectif des cohortes prétoriennes qui oblige à placer la rédaction du texte dans le IIe siècle. Le règne de Trajan est la période qui permet de rendre compte au mieux de l'ensemble des éléments qui nous sont fournis par le texte ; c'est bien à ce règne que renvoient les *ueredarii*, l'absence de *dromedarii*, l'emploi comme nom de *classici*, celui de *metator* et de *uexillarii*, et les épithètes accordées au prince à qui est offert l'ouvrage. Nous pensons même que l'appellation *nationes* pour les corps barbares qui figurent dans l'armée est une preuve supplémentaire à cette datation. Avec la disparition du manipule dans la légion, avec la présence de corps semblables aux *numeri*, ou du moins très proches de ceux-ci, mais qui ne portent pas encore ce nom, avec celle des chameliers qui ne portent pas encore leur titre nouveau et celle de *ueredarii* différents de ceux que nous connaissons par l'épigraphie, avec, peut-être, la grande place accordée aux ailes milliaires, nous nous trouvons manifestement dans une période, sinon de refonte totale, du moins de réorganisation et de stabilisation de l'armée, à laquelle nous renvoie également Végèce en parlant de la *constitutio Traiani*. Ce faisceau d'indications diverses et concordantes nous fait penser que l'auteur du *De munitionibus castrorum* a été contemporain d'une telle réorganisation, et qu'il a donc écrit sous le règne de Trajan.

INDEX INSCRIPTIONVM

INDEX PAPYRORVM

INDEX SCRIPTORVM ANTIQVORVM

INDEX VERBORVM

(Certains termes ou expressions dont le sens a fait l'objet d'un développement dans le commentaire ont été signalés par et le paragraphe du commentaire a été indiqué. Les termes techniques de l'arpentage et les mots particuliers à Hygin sont signalés par des caractères gras. Les chiffres renvoient aux paragraphes du texte.)*

CORRIGENDA

P. 5, apparat critique du § 8, avant-dernière rubrique. Lire : ut *A*, *del. ego*, et *prop. Dom.*

P. 16, début du § 37. L'Arcerianus porte *Nunc si dictator mille homines super numerum compositum* <*acceperit…*>, que nous avons corrigé en *Nunc si metator...*, d'après le § 46. Le terme *dictator* est désormais attesté dans une inscription de Bu Njem (Libye), avec le sens de « responsable », voire « responsable des mesures » (R. Rebuffat, *Le centurion M. Porcius Iasucthan à Bu Njem (Notes et documents XI)*, dans *Libya antiqua*, n. s. I, 1995, p. 79-123, au vers 31 de l'inscription et le commentaire *ad loc.*). La version du manuscrit peut donc être maintenue, sans du reste que le sens de la phrase en soit profondément affecté : « Mais si le responsable reçoit mille hommes en sus de l'effectif ainsi organisé... ».

P. 19, note 3. Lire « Cf. comm. § 16-22.

P. 21, dans le texte latin, corriger le numéro du paragraphe, **53** et non pas **63**.

P. 66 : sous-titre : **L'aile milliaire**, et non pas **L'aile militaire**.

P. 67, fin du premier alinéa du paragraphe 62, lire « On arrive au chiffre de 42 hommes par turme. ».

P. 147, la notice *quaestorium* doit se lire :
quaestorium : eius nomen, 18 ; eius mensurae, 18, 39, 42 ; praeda in -rio ponitur, 18, 29 ; copiae latere -rii ponuntur, 19, 46.

TABLE DES MATIÈRES

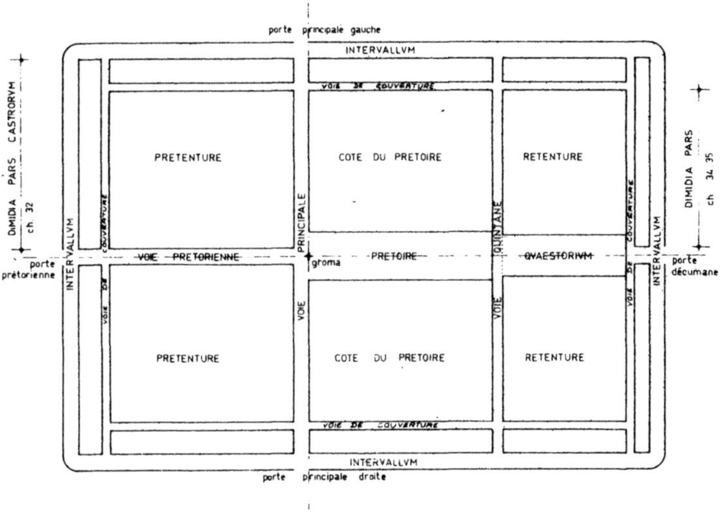

LEGENDE

— — — lignes données par la groma

0 100 200 300 400 500 pieds

Fig. 1 : Organisation générale du camp

G. MONTHEL del

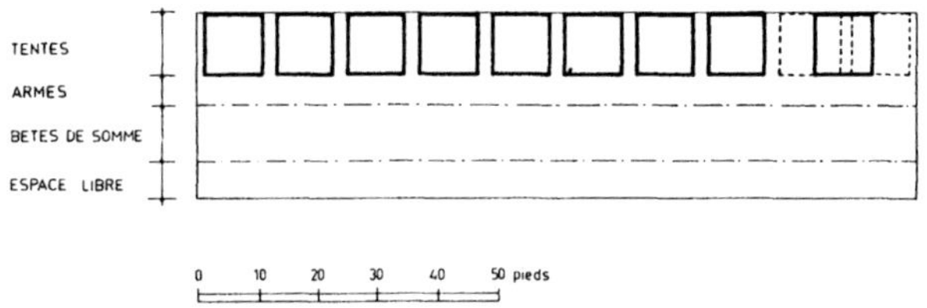

Fig. 2 : Campement d'une centurie légionnaire.

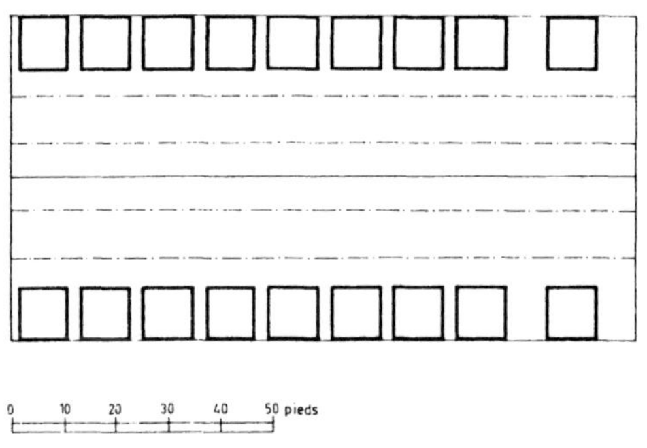

Fig. 3 : Campement de deux centuries face à face.

G. MONTHEL del.

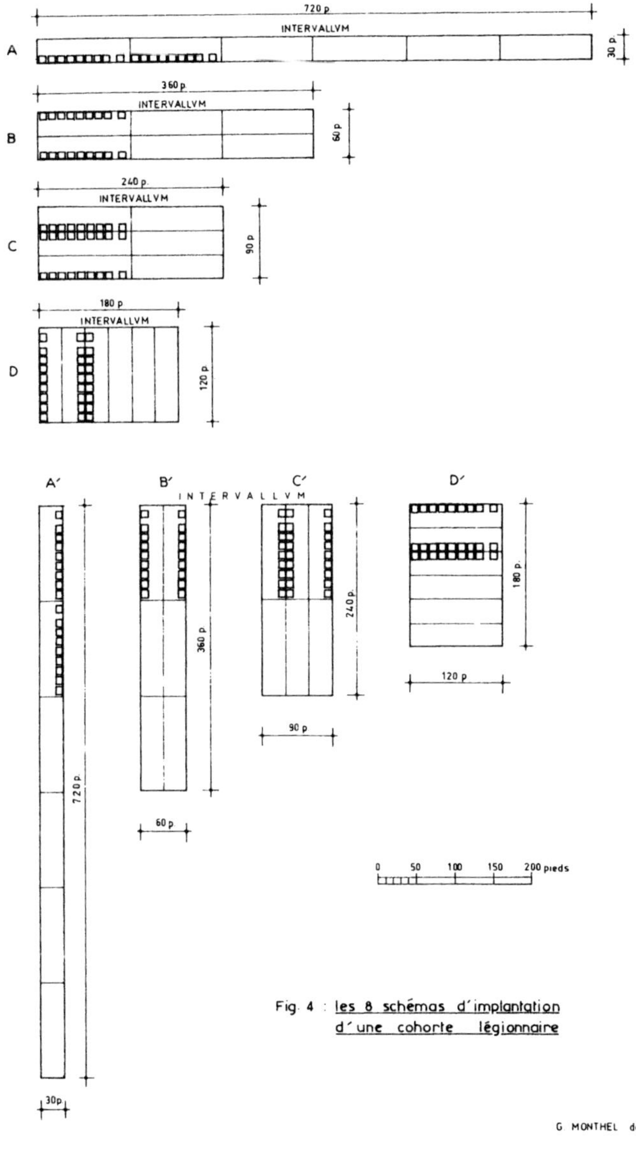

Fig. 4 : les 8 schémas d'implantation d'une cohorte légionnaire

G. MONTHEL del.

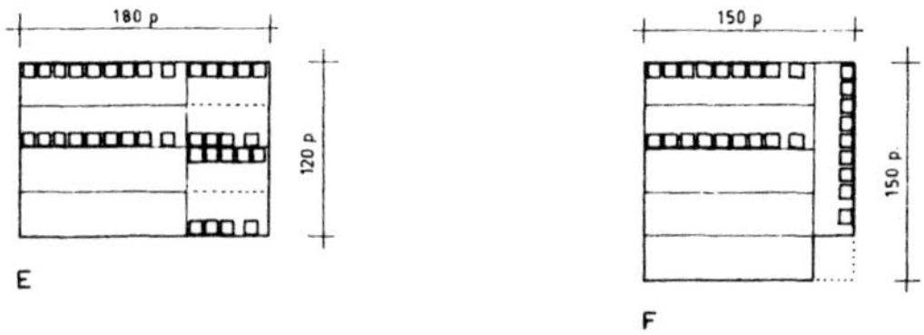

Fig. 5 : Schémas d'implantation inapplicables.

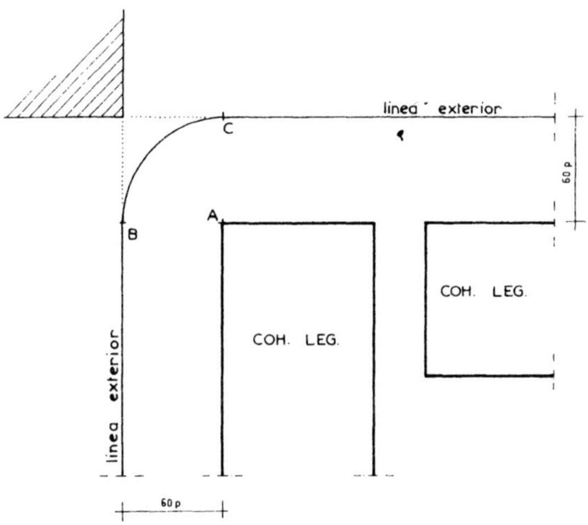

Fig. 6 : Angle du camp.

G. MONTHEL del

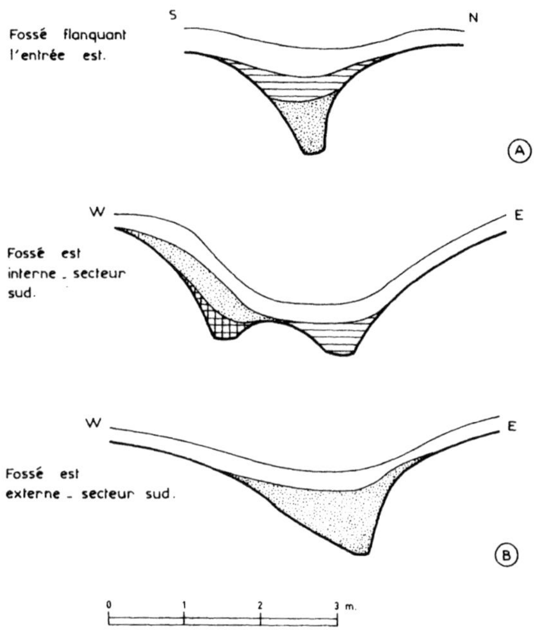

LEGENDE

A Fossa fastigata
B Fossa punica

Sable
Tourbe (gazon décomposé)
Sable vaseux

Fig. 7 : Fossés du camp de Cawthorn D.
(d'après I.A. Richmond : "The Four Roman Camps at Cawthorn." in Archaeological Journal - 89 - 1932 - fig. 19 p. 71.)

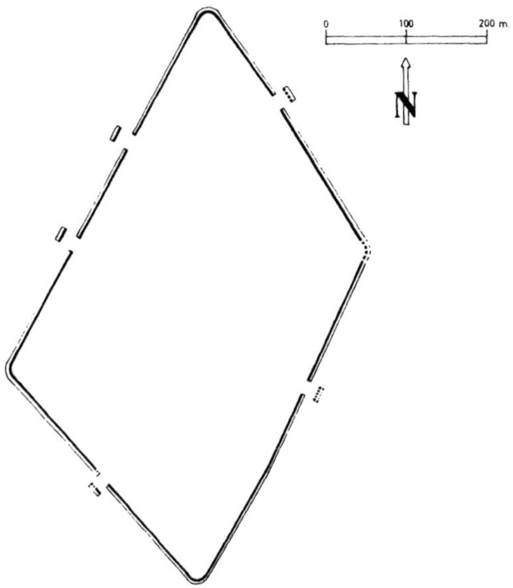

a)_ Featherwood_West (Schéma d'après <u>A History of Northumberland</u>, 15, 1940, fig. 36).

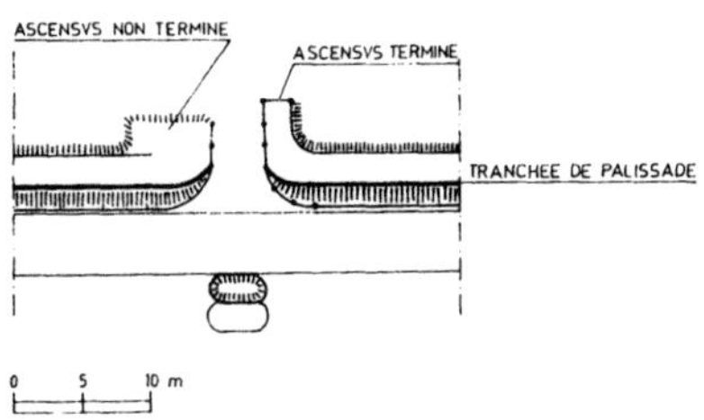

b)_ Cawthorn A. Porte Sud (D'après I.A. Richmond <u>The four Roman Camps at Cawthorn</u>, in <u>Archaeological Journal</u>, 89, 1932, pl. VII).

Fig 8 : Exemples de <u>titula</u>.

G. MONTHEL del.

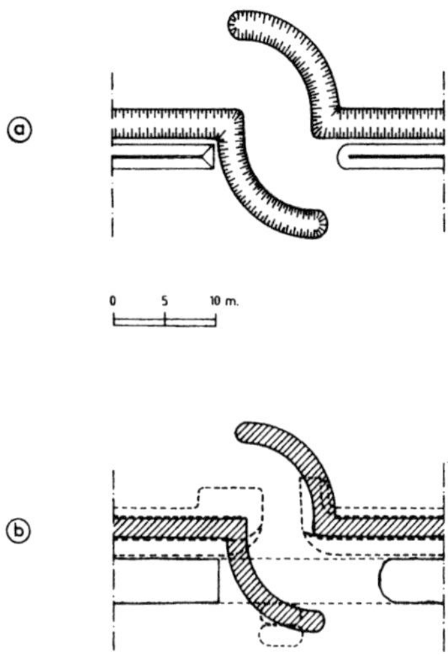

Fig. 9 : Exemples de *clavicula* double. Camp de Cawthorn B
(D'après I.A. Richmond *The four Roman Camps at Cawthorn* in *Archaeological Journal*, 89, 1932, pl. VII).
a) – Porte Sud-Est.
b) – Porte Sud-Ouest. Le *titulum* de la porte Sud du camp A (cf. fig. 8b) a été détruit pour faire place à une porte plus large munie d'une *clavicula*.

G. MONTHEL del.

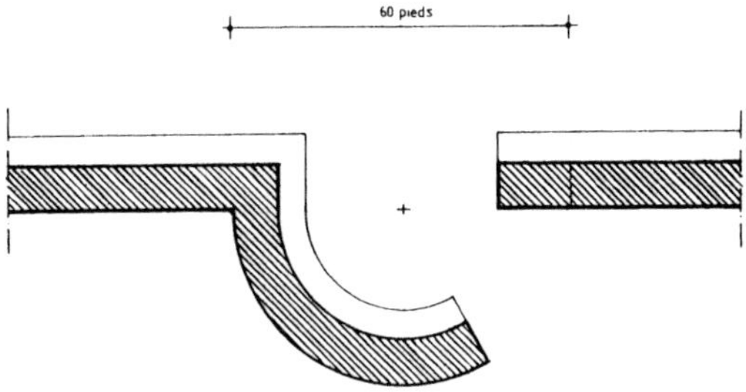

Fig. 10 : Clef _ Reconstitution de Domaszewski

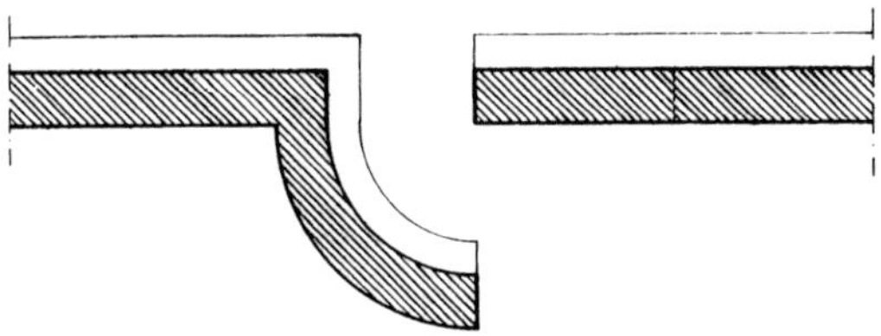

Fig. 11 : Clef _ Reconstitution de Stolle

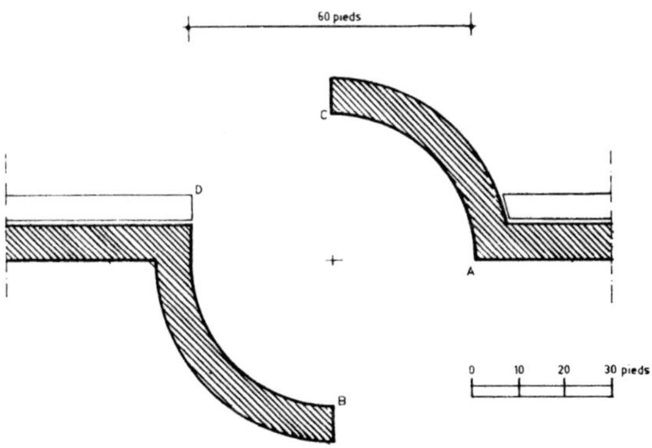

Fig. 12 : Clef _ Reconstitution proposée

G. MONTHEL del.

Ce volume,
de la Collection des Universités de France,
publié aux Éditions Les Belles Lettres,
a été achevé d'imprimer
en novembre 2002
sur presse rotative numérique
de Jouve
11, bd de Sébastopol, 75001 Paris

N° d'édition : 4549
Dépôt légal : décembre 2002

Imprimé en France